La voluntad de nuestro Señor Jesucristo es que Su pueblo sea uno (Jua. 17). Eso forma parte del «todavía no» que anticipamos con tanto anhelo. No obstante, también tiene que ser un elemento distintivo de nuestra lucha en el «ya». No podemos simplemente aceptar las divisiones que existen dentro de la comunidad evangélica sin hacer un humilde intento por procurar la unidad de maneras significativas. Por su título, este libro puede parecer poco útil para este empeño; sin embargo, ¡es en realidad una seria contribución a la unidad del pueblo de Cristo en nuestra generación! El Sr. Waldron aborda quizá las divisiones más graves sobre la interpretación bíblica entre los evangélicos de hoy. El propósito no es ganar un punto para los bautistas reformados, sino promover nuestra comprensión (bautista reformada) de la Escritura en el área vital de la Teología del Pacto. Como pastor bautista reformado, me complace recomendarlo para que la Iglesia universal lo lea y lo estudie.

Gary W. Hendrix
Pastor de la Grace Reformed Baptist Church
Mebane, Carolina del Norte, EE. UU.

****

La disputa de hace siglos en lo concerniente a la naturaleza de la Iglesia y todos los asuntos importantes relacionados con esta puede parecer tan compleja que desafía cualquier tipo de aclaración. El análisis perspicaz de Waldron despeja mucho de la retórica confusa y permite al lector ver con claridad los elementos clave de las posturas discrepantes a la luz de la enseñanza de la Palabra de Dios sobre el Nuevo Pacto. Muchos serán bendecidos por este refrescante enfoque.

Dr. James R. White
Phoenix Reformed Baptist Church
Phoenix, Arizona, EE. UU.
Alpha and Omega Ministries

****

Con mucho placer recomiendo la lectura de esta obra a todos los estudiantes de Teología. Considerando cómo fue profetizado en el Antiguo Testamento, el Nuevo Pacto suele tratarse con ligereza en lo que se refiere a su cumplimiento en el Nuevo Testamento. Sam Waldron nos ha hecho un favor al explicar claramente el significado de la profecía original en su contexto y establecer su cumplimiento conforme a las declaraciones neotestamentarias. Su exposición de los errores de otros viene acompañada de gracia, pero revela que básicamente malinterpretan el significado del Nuevo Pacto y su actual cumplimiento en la Iglesia de Jesucristo. Su explicación de las implicaciones del Nuevo Pacto, correctamente entendida, provee una guía y un plano para establecer iglesias bíblicas hoy; nos provee un *Manifiesto* arraigado en el significado mismo del Nuevo Pacto.

Dr. Fred A. Malone
Pastor, First Baptist Church
Clinton, Los Ángeles, EE. UU.
Autor de {trad. no oficial}[1] *El bautismo solo de discípulos: Un argumento pactual a favor del credobautismo y en contra del paidobautismo*[2]

****

De entre las muchas interconexiones que hay en la Teología, un área fascinante es la relación del Nuevo Pacto con el Antiguo Pacto. ¿Qué aspectos del Antiguo Pacto eran estrictamente dispensacionales, es decir, de aplicación a los judíos de Israel durante el tiempo que como

---

[1] Nota de los traductores: La etiqueta «{trad. no oficial}» indica que la traducción que sigue a continuación pertenece a una fuente que aún no está disponible en español; por tanto, puede aparecer oficialmente con otro título o como parte de otras obras en el futuro. En cambio, si el material citado ya ha sido publicado en español en el momento en que se hace esta traducción, se usará el título oficial precedido de la etiqueta «{título oficial}». En las notas a pie de página, la traducción del título de una fuente bibliográfica aparecerá por lo general solo la primera vez que el autor la cite.

[2] Nota de los traductores: El título original en inglés es *The Baptism of Disciples Alone: A Covenantal Argument for Credobaptism Versus Paedobaptism*.

nación vivían en aquella tierra y tenían una relación pactual excepcional con Dios? ¿Qué verdades del Antiguo Testamento tienen una autoridad vinculante permanente para el pueblo neotestamentario de Dios? Estos estudios son un modesto paso de avance hacia un pensamiento más claro acerca de la verdad revelada. ¡Que sea el primero de muchos pasos más! Todos necesitamos esa luz y dirección que deben ser halladas en estas páginas.

Geoffrey Thomas
Pastor, Alfred Place Baptist Church
Aberystwyth, Gales, Reino Unido
Editor asociado de la revista *Banner of Truth*
Autor de {trad. no oficial} *Biografía de Ernest C. Reisinger*[3]

****

Con un lenguaje sencillo y cálido el Dr. Waldron nos lleva en un viaje reflexivo que aclara las bases distintivas de nuestra fe bautista a la luz del Nuevo Pacto. Sin duda este libro es un indispensable de nuestras bibliotecas.

Jonnathan Muñoz Soto
Pastor de la Iglesia Cristo Eterno Redentor
Santiago de Chile, Chile

****

Un manifiesto bautista reformado es una obra que de manera clara y sencilla se centra en una interpretación coherentemente bíblica y teológica del Nuevo Pacto. El Dr. Waldron hizo un trabajo excelente y muy necesario para que logremos distinguir con precisión los principios que abrazamos como bautistas particulares, que justificadamente también podemos ser llamados bautistas reformados. Estos capítulos son una perfecta introducción a temas tan maravillosos como la Teología del Pacto, la gracia soberana, la vigencia de la ley del Señor y el

---

[3] Nota de los traductores: El título original en inglés es *Ernest C. Reisinger: A Biography*.

credobautismo, todo ello bajo la comprensión del Nuevo Pacto. ¡Te recomiendo ampliamente que lo leas!

Eber Omar Aguilera Jiménez
Pastor de la Iglesia Bautista Reformada Monte Sion
Torreón, México

****

El Dr. Waldron expone Jeremías 31 de manera magistral para hablar del Nuevo Pacto como la Constitución de la Iglesia. Todo creyente bautista reformado debe leer este libro. Dice con base bíblica que el creyente del Nuevo Pacto no puede ser dispensacionalista, ni antinomiano, ni arminiano, ni paidobautista. Quiera el Señor usar este libro para una mayor comprensión de nuestra fe bautista reformada.

Gabriel Barahona A.
Pastor de la Iglesia Bautista Reformada en San Carlos
San Carlos, Chile

****

Un manifiesto bautista reformado es una declaración doctrinal particular y precisa de nuestra comprensión del Nuevo Pacto y su aplicación a la Iglesia. El Dr. Sam Waldron pone en nuestras manos un manifiesto que tapa la boca a las falacias teológicas acercándose con amor cristiano para recordarnos que Dios tiene un solo pueblo, que Su ley moral sigue vigente, que Él es el Soberano y que solo los creyentes tienen las bendiciones del Nuevo Pacto. Recomiendo ampliamente este libro a todo creyente.

José Luis Siancas Valdez
Pastor de la Iglesia Bíblica Gracia Eterna
Lima, Perú

****

Un manifiesto bautista reformado es un libro impactante, no solo por la forma magistral en que el pastor Sam Waldron expone el texto de Jeremías 31:31-34 (que equipa a los bautistas reformados con argumentos coherentes con las Escrituras y contundentes para defender nuestra comprensión bautista reformada del Nuevo Pacto ante dispensacionalistas, antinomianos, arminianos y paidobautistas), sino también por la manera tan cordial, respetuosa y mesurada en que el pastor Waldron señala los errores, deficiencias y contradicciones doctrinales de estas posturas sin caer en el uso de burlas ni etiquetas peyorativas contra ellos. Este es un libro de obligada lectura para todo estudiante y pastor bautista reformado, pero también para todo miembro de una iglesia bautista reformada, ya que da identidad, comprensión y seguridad bíblica en lo que respecta a la teología bautista reformada, no para contender con otros orgullosamente, sino para dar razón de nuestra fe con mansedumbre, y sobre todo, para ser hallados como obreros fieles que tracen bien la Palaba de Verdad.

David J. Araujo
Pastor de la Iglesia Bautista Reformada de Barquisimeto
Barquisimeto, Venezuela

****

El Dr. Sam Waldron tiene el don maravilloso de comunicar las convicciones bautistas reformadas de una forma clara y a la vez profunda usando las Sagradas Escrituras en su contexto. Una de las cosas que más me impactó y disfruté enormemente fue la forma en que tomó el pasaje del profeta Jeremías para exponer con claridad nuestra postura, con un notable equilibrio entre la firmeza y la gracia al corregir las diferentes perspectivas teológicas. ¡Este pequeño libro posee un maravilloso tesoro teológico para los estudiantes de seminario y los pastores que quieren comunicar bíblicamente la sana doctrina a Su rebaño! Necesitas leer este libro y también compartir con otros el contenido de esta preciosa joya teológica.

Plinio Orozco
Pastor de la Iglesia Bautista Reformada Trono de Gracia
Caracas, Venezuela

****

Ya se vivió en el Viejo Continente por allá por el siglo XVII, de manera similar en América Latina desde finales del siglo pasado, y mucho más ahora en pleno siglo XXI, cuando a Dios le ha placido que muchos cristianos se identifiquen con las doctrinas bautistas reformadas históricas. Por todo el continente se escucha de nuevas iglesias con estas convicciones, y la reacción de otros grupos de cristianos ha sido diversa. Quizá resulte inevitable, pues se repite en la historia que piensen que somos algo raro e incluso sectario; para ellos somos algo nuevo. Cuando escuchan que no somos dispensacionalistas, ni arminianos, ni paidobautistas, que guardamos el día del Señor y hacemos un énfasis profundo en la vigencia de toda la ley moral, se quedan más alarmados y confundidos. Por ello necesitamos levantar bien en alto un manifiesto que nos identifique, sin menoscabo de nuestro manifiesto por excelencia (*La Segunda Confesión Bautista de Fe de Londres 1677/1689*). Este cuidadoso libro del doctor Waldron hace un estudio claro y eficaz de la doctrina central del Nuevo Pacto y sus implicaciones para una eclesiología bíblica. Es un formidable manifiesto bautista reformado sobre el tema. El autor explica en qué nos diferenciamos de nuestros hermanos mencionados, pero con una correcta exégesis de las Escrituras.

René Betancourt Toledo
Pastor de la Iglesia Bíblica de Jesucristo
Colón, Matanzas, Cuba

****

Las líneas en el pavimento de las carreteras a menudo pierden claridad por la erosión con el paso del tiempo y se hace necesario repintarlas de forma periódica. De manera similar, los distintivos confesionales bautistas necesitan ser reafirmados en cada siglo, refutando desafíos doctrinales tanto antiguos (como el paidobautismo y el arminianismo) como más recientes (tales como el dispensacionalismo y la Teología del Nuevo Pacto [TNP], que marcaron el siglo XX). Este «manifiesto» viene a repintar de manera precisa las líneas bíblicas de los distintivos bautistas reformados en este siglo XXI, con un énfasis en la Teología Pactual desde la perspectiva neotestamentaria. Sin duda, este libro será una buena guía para las iglesias del mundo hispano que buscan alinearse coherentemente con la confesionalidad bautista reformada y una herramienta útil para defender las convicciones de las iglesias actuales que sustentan *La Confesión de Fe de 1689*.

Alejandro David Riff
Pastor de la Iglesia Cristiana Bíblica de Rosario
Rosario, Argentina

****

Si la Iglesia es columna y sostén de la verdad, el compromiso de la Iglesia con creer, practicar y anunciar lo que es bíblico no es algo negociable. Y es ese camino que el libro *Un manifiesto bautista reformado* nos lleva a recorrer. Plantea respuestas bíblicas y sensatas a una breve serie de maneras de pensar que se oponen a lo que el Dr. Sam Waldron llama «iglesias sólidas y coherentemente bíblicas». Recomiendo con mucho ánimo la lectura de este libro, principalmente a hermanos de iglesias jóvenes o plantaciones que necesitan definir su identidad bautista reformada.

Javier Castro
Pastor de la Iglesia Bautista Reformada Gracia y Verdad
San Salvador, El Salvador

****

Un manifiesto bautista reformado es un gran libro que todo creyente preocupado por conocer y abrazar las bendiciones del Nuevo Pacto debe leer. Ahora más que nunca se habla de los distintivos doctrinales entre muchos cristianos, pero ante los errores teológicos que continúan y enseñan algunos pulpitos, ¿debemos escuchar solamente y no hablar?, ¿debemos aceptar todo como verdad bíblica? Creo que no. Debemos estudiar, profundizar en, y luego defender la verdad que trae el Nuevo Pacto para la Iglesia de Cristo. Eso es lo que hace el Dr. Sam Waldron en esta preciosa obra. Me gozo grandemente como pastor bautista reformado en que podamos contar con recursos como estos para seguir siendo afirmados en las verdades de las Sagradas Escrituras y guiando a la novia de Cristo a toda verdad.

Xavier Murillo Castro
Pastor de la Iglesia Bíblica Gracia Irresistible
Guayaquil, Ecuador

****

Un manifiesto bautista reformado es una exposición clara y concisa que muestra cómo la Teología del Pacto bautista reformada confesional responde a diferentes doctrinas como el dispensacionalismo, el antinomianismo, el arminianismo y el paidobautismo exponiendo sus errores con gracia y demostrando así bíblicamente el cumplimiento del Nuevo Pacto en la Iglesia de Cristo. Todo estudiante de Teología debe echar mano a este libro y leerlo detenidamente para tener una comprensión bíblica, y con esto, reafirmar y defender lo que nos define como bautistas reformados.

Carlos I. Maysonet
Pastor de la Iglesia Hispana Bautista Raham
Longwood, Florida, EE. UU.

****

El Señor en Su gracia ha dotado al Dr. Waldron de una habilidad asombrosa para comunicar verdades de una manera sencilla, ordenada y lógica, pero a la vez profunda y teológicamente correcta, y este ejemplar que tienes en tus manos no es la excepción. Con la lectura de este recurso podrás conocer y entender más claramente cuáles son los distintivos de una iglesia bautista reformada. Con mucha sabiduría, el autor nos lleva a examinar las diferencias entre las distintas posturas doctrinales más relevantes en la Iglesia, no con el propósito de causar división o controversias, sino más bien para conducir al lector a reflexionar en lo que las Escrituras enseñan sobre el Nuevo Pacto y sus implicaciones prácticas para la Iglesia. Por lo tanto, con mucho gusto recomiendo a todo estudiante de Teología y aun a todo creyente a leer este valioso recurso.

Oscar Bolaños
Pastor de la Iglesia Bíblica Remanente
Tulcán, Ecuador

****

La edición en español del escrito del Dr. Waldron ha sido una valiosa contribución para promover nuestra comprensión (bautista reformada) en la Iglesia en Latinoamérica. Presenta de manera clara la profecía sobre el Nuevo Pacto y su cumplimiento, lleva al lector a un entendimiento sólido y bíblico del fundamento y la Constitución de la Iglesia del Señor Jesucristo. Comprender el significado del Nuevo Pacto es vital para vivir bajo sus implicaciones; es una guía segura para el buen orden de las iglesias. ¡Ruego a nuestro Dios soberano que bendiga a muchos con esta lectura!

José Villalba
Pastor de la Iglesia Bautista Reformada Solo Cristo
San Lorenzo, Paraguay

****

Lo que amo de esta obra es todo lo que el Dr. Waldron hace en tan pocas páginas. Expone uno de los textos centrales para comprender el plan redentor de Dios, y con ello entender las Escrituras como un todo. Con este mismo texto refuta cuatro errores doctrinales, presenta lo que caracteriza a la Iglesia del Nuevo Testamento y, por ende, resume la identidad bautista reformada. Todo esto, con claridad y precisión, sin caer en la superficialidad.

Gensy Severino Roberts
Pastor de la Iglesia Bíblica Gracia y Verdad
San Pedro de Macorís, República Dominicana

****

Este libro es de gran ayuda para quienes se proponen comprender uno de los aspectos teológicos más debatidos entre los cristianos: la comprensión del Nuevo Pacto. Considerando en particular la profecía de Jeremías 31, el Dr. Waldron desarrolla su argumento y demuestra que el Nuevo Pacto es la Constitución misma de la Iglesia. Apoyándose en una cuidadosa exégesis de esta profecía, el libro destaca la singularidad del Nuevo Pacto y responde a los argumentos dispensacionalistas, antinomianos, arminianos y paidobautistas, convirtiéndose así en un manifiesto bautista reformado. Recomiendo vivamente esta obra.

Marcus Paixão
Pastor de la Igreja Batista Bom Samaritano
Teresina, Brasil

****

Un manifiesto bautista reformado debe ser leído por toda iglesia que esté esforzándose por mantenerse doctrinalmente saludable conforme a la Palabra de Dios, por todo pastor que esté luchando por reformar su iglesia llevándola hacia tal pureza doctrinal, o por todo plantador cuya comisión eclesial sea plantar una iglesia bíblica. La importancia de este libro yace en que no solo nos instruye abundantemente sobre cómo la comprensión bíblica del Nuevo Pacto como el cumplimiento de las profecías veterotestamentarias es la columna vertebral en la manera en que hacemos o deberíamos hacer iglesia hoy en día, sino que también la aplicación clara del Dr. Waldron nos lleva irremediablemente a trasladar estas enseñanzas a la práctica. En resumidas cuentas, el libro es una potente infusión del ánimo bautista reformado para reformar las iglesias. Pues, al fin y al cabo, somos reformados no tanto en la medida de lo que sabemos sino en la medida de lo que vivimos. Y este libro sin duda alguna nos llevará a vivir vidas reformadas en iglesias reformadas; algo tan necesario en el entorno latinoamericano que se ha alejado de estas verdades bíblicas. Personalmente recomiendo mucho este libro, pues para mí ha sido un norte tanto en reformar una iglesia ya

establecida como también en plantar iglesias bíblicas que sean establecidas y estén fundamentadas en el Nuevo Testamento como su norma
y Constitución para una vida de iglesia doctrinalmente saludable.

Manuel Sheran
Pastor de la Iglesia Bautista Reformada Estandarte de Verdad
San Pedro Sula, Honduras

2da edición

UN MANIFIESTO BAUTISTA REFORMADO

El Nuevo Pacto como la Constitución de la Iglesia

Sam Waldron
con Richard C. Barcellos

2da edición

UN MANIFIESTO BAUTISTA REFORMADO

El Nuevo Pacto como la Constitución de la Iglesia

ISBN 978-9942-605-34-4

Clasificación Decimal Dewey: 230.

Cristianismo. Teología cristiana.

Impreso en Colombia.

ÍNDICE DE CONTENIDO

PRÓLOGO A LA SEGUNDA EDICIÓN EN ESPAÑOL

Cuando publicamos la primera edición de *Un manifiesto bautista reformado* en enero de 2020, lo hicimos con mucha expectativa, pues sabíamos el enorme valor de este libro y su preciosa utilidad. Reconocíamos que era una perla preciosa desconocida, pues en esos días solo aquellos que tenían acceso a esta maravillosa obra en inglés tuvieron la oportunidad de leerla y beneficiarse de ella. Sin embargo, han pasado cuatro años desde que tuvimos el privilegio de publicarlo y, por la gracia de Dios, muchas cosas han sucedido desde entonces. Es fascinante ver cómo Dios ha querido utilizar muchos instrumentos y medios para el progreso de nuestra fe bautista reformada en el mundo de habla hispana. Nos humilla escuchar que el trabajo de Legado Bautista Confesional de alguna forma ha contribuido en algo a esta gloriosa meta a la que muchos han dedicado sus vidas. Como un testimonio del extraordinario avance y confirmación de nuestra fe bautista reformada, hemos añadido una sección de recomendaciones de este libro escritas por pastores de varias iglesias bautistas reformadas en diferentes países de América Latina. Es un gozo saber que *Un manifiesto bautista reformado* ya no es una perla desconocida, sino una herramienta útil en las manos de pastores e iglesias para seguir creciendo en la comprensión de nuestra fe.

En esta segunda edición hemos hecho una nueva revisión de todo el contenido y hemos añadido cuatro nuevos apéndices con el propósito de seguir profundizando los principios presentados en el libro. Los apéndices 3 y 4 son dos sermones del Dr. Waldron predicados en su iglesia local, la Grace Reformed Baptist Church, en Owensboro, Kentucky. Los apéndices 5 y 6 son dos artículos escritos por el Dr. Waldron, tomados del blog del Covenant Baptist Theological Seminary, el seminario donde el autor sirve como presidente y profesor de Teología Sistemática.

Anhelamos que esta edición corregida y ampliada sea de gran beneficio para todos los que abrazan nuestra bendita fe bautista reformada, y para todos aquellos que quieran leer un fiel resumen de lo que creemos y confesamos en forma de *manifiesto*.

Per gratia Dei legatum habemus,

Jorge A. Rodríguez Vega
19 de febrero de 2024
Santo Domingo, Ecuador

PRÓLOGO A LA PRIMERA EDICIÓN EN ESPAÑOL[1]

El diccionario define la palabra *manifiesto* como un «escrito en el que se hace una declaración pública de doctrinas, propósitos o programas»[2]. El uso de tal término en el título de este libro no es meramente una forma llamativa de captar el interés del lector, sino una manera adecuada de expresar lo que esta obra se propone: Hacer una proclamación pública de lo que creemos los bautistas reformados. Como bautistas, los manifiestos y declaraciones públicas de la fe han sido siempre parte de nuestra historia. Nuestros primeros padres se vieron en la necesidad de escribir y publicar lo que se conoce como *La Primera Confesión Bautista de Fe* en la ciudad de Londres en 1644. Según la epístola adjunta a dicha Confesión, el propósito principal era presentar públicamente el contenido de su fe, porque diferentes niveles de calumnias y acusaciones —movidas por el temor y el celo por la pureza doctrinal por parte de otros creyentes— comenzaron a esparcirse a través de la ciudad poniendo sobre ellos un «oscuro estigma de *herejes* y *sembradores de división*». Este esfuerzo por definir y proclamar su fe de manera pública trajo como resultado que la comunidad protestante reformada de Inglaterra pudiera conocer en qué consistía la fe bautista por sus propias palabras y no por las acusaciones que otros hacían basándose en suposiciones y temores.

---

[1] Nota de los traductores: Se han hecho mejoras de redacción en este prólogo, que fue escrito en español originalmente, sin modificar sustancialmente ningún significado.

[2] REAL ACADEMIA ESPAÑOLA: *Diccionario de la lengua española*, 23.ª ed., [versión 23.7 en línea]. <https://dle.rae.es> [25 de enero de 2024], s. v. manifiesto.

Desde el momento mismo en que la comunidad supo lo que los bautistas creían, el juicio de su cristiandad u ortodoxia se llevó a cabo bajo un criterio correcto y justo. *La Primera Confesión Bautista de Fe* probó que ellos, al igual que las otras comunidades reformadas en Inglaterra, eran cristianos *ortodoxos* porque su fe estaba fundamentada en los credos históricos de la Iglesia, y eran *reformados* porque su fe proclamaba las doctrinas redescubiertas en la Reforma protestante. Pero, a diferencia de los otros cristianos de su nación, eran *bautistas* porque su fe había sido convencida por las Escrituras de que solo los creyentes debían ser bautizados y que la membresía de la iglesia visible de Cristo debía estar conformada por creyentes solamente.

Aunque han pasado 375 años desde que sucedieron todas estas cosas, la necesidad de proclamar la fe sigue siendo la misma. Dios nos ha permitido ver en los últimos 50 años un precioso florecer de la doctrina bautista reformada gracias a la labor incansable de pastores entregados a la proclamación de la verdad, quienes procurando ser fieles a las Escrituras encontraron una herencia preciosa e invalorable en la historia de los que caminaron antes que ellos por la misma senda. Esta maravillosa primavera espiritual ha traspasado los linderos en los que históricamente se desarrolló y ha llegado a tierras lejanas. Mientras los corazones se llenan de fervor al saber que nuestras naciones están comenzando a recibir el verdadero evangelio bíblico, debemos ser conscientes de que una nueva ola de sospechas y preocupaciones se levanta a nuestro alrededor. Sabemos que esa actitud de rechazo por parte de algunos creyentes es producto de su celo por la verdad. Sabemos también que aun las palabras más hirientes dichas contra nosotros no nacen necesariamente de malas intenciones. Sin embargo, necesitamos ser conscientes de que casi siempre la razón detrás de toda sospecha hacia un hermano está fundamentada en la falta de conocimiento. Por eso tener que escuchar y entender lo que el otro cree es una responsabilidad que compartimos como hermanos. Si la creencia de mi hermano no es conforme a la Palabra de Dios, mi responsabilidad es corregirlo amorosamente y ayudarlo a precisar su punto de vista. Si mi creencia no es conforme a la verdad, necesito de un hermano que me ame lo suficiente como para corregirme fiel y pacientemente. Aunque tener convicciones y defenderlas es nuestro deber, juzgarnos unos a otros, negarnos a reconocernos como hermanos, o difamar la reputación del otro con acusaciones que se fundamentan en la sospecha y en un entendimiento erróneo de lo que cree no es compatible con la preciosa fe que profesamos como cristianos.

Por esta misma razón, con mucha alegría ponemos en tus manos la traducción al español de este manifiesto bautista reformado, reconociendo nuestra responsabilidad de dar a conocer lo que creemos para que nuestros hermanos en la fe puedan considerarlo y juzgarlo por las Escrituras. Recibe este libro como una proclamación formal de lo que creemos, presentado de una manera clara y respetuosa; teniendo como estructura para cada una de sus conclusiones un análisis exegético muy satisfactorio de uno de los pasajes más importantes para la comprensión de lo que la Iglesia es en su esencia: Jeremías 31:31-33. Este libro es tanto para bautistas reformados, quienes encontrarán aquí una exposición precisa de los aspectos distintivos de nuestra fe, como para nuestros hermanos en la fe que no comparten nuestras convicciones pero están genuinamente interesados en conocer lo que creemos y predicamos.

¡A Él sea la gloria en Su Iglesia!

Jorge A. Rodríguez Vega
Santo Domingo, Ecuador
27 de enero de 2020

PREFACIO

A primera vista, puede parecer que el título de este libro promete más de lo que cumple. No pretende ser un manifiesto acerca de todos los distintivos de los bautistas reformados confesionales. Eso está contenido sustancialmente en nuestra confesión de fe: *La Segunda Confesión de Fe de Londres de 1677/1689*. En cambio, presenta un manifiesto muy específico que se enfoca en un solo elemento (pero uno que es principal) de la teología bautista reformada. Dicho elemento está relacionado con los puntos de vista de otros y, en algunos casos, se opone a estos. Como sugiere el subtítulo, nuestra atención se centrará en *El Nuevo Pacto como la Constitución de la Iglesia*.

Esta obra tiene su origen en una serie de sermones predicados hace unos cuantos años. Mucho ha acontecido en los frentes de batalla de la Teología desde entonces. Por tanto, se ha intentado actualizar los argumentos en los casos donde fue necesario y añadir comentarios recientes sobre diversos movimientos teológicos dentro del cristianismo evangélico estadounidense.

Se espera que este humilde esfuerzo ayude a los bautistas reformados confesionales a articular sus distintivos y sirva para que otros entiendan por qué creemos lo que creemos en lo que concierne al Nuevo Pacto.

Debo dedicar unas palabras a la autoría de este pequeño libro. Se dice que el autor es Samuel E. Waldron con Richard C. Barcellos. Prediqué los cuatro mensajes originales en los que se basa esta obra; {pero}[1] la ayuda editorial brindada por Richard fue tan extensa que me pareció absolutamente apropiado incluir su nombre en la autoría. Agradezco la maravillosa amabilidad y el sorprendente aprecio que ha mostrado por aquellos sermones, porque fue él quien originalmente solicitó publicarlos, y también por su ardua labor en estos para que fueran publicables.

Samuel E. Waldron
Julio de 2004

---

[1] Nota de los traductores: Los textos y/o caracteres {entre llaves} son traducciones o aclaraciones para preservar la fidelidad al significado del texto original.

INTRODUCCIÓN

La convicción de este autor es que las iglesias bautistas reformadas confesionales[1] reflejan los principales distintivos del Nuevo Pacto. En otras palabras, aquello que los bautistas reformados se esfuerzan por ser es afirmado con claridad en los términos del Nuevo Pacto. Por tanto, el propósito de este estudio es presentarles un manifiesto bautista reformado mediante el examen del Nuevo Pacto como la Constitución de la Iglesia. Esto puede sonar arrogante; sin embargo, esperamos que el lector simplemente permita que el Nuevo Pacto hable por sí mismo para que vea la relevancia y lo apropiado de tal declaración.

Aunque se analizarán las diferencias con otros cristianos, debe quedar claro y enfáticamente establecido desde el principio que los bautistas reformados confesionales nos identificamos con muchos hermanos reformados y dispensacionalistas en las cuestiones esenciales de la fe cristiana. Con alegría perseveramos hombro con hombro con todos aquellos que sostienen la inspiración plenaria, inerrancia, autoridad y suficiencia de la Escritura. Estamos muy contentos de que muchos de nuestros hermanos reformados y dispensacionalistas se mantengan firmes en cuanto a la justificación por medio de la fe sola en Cristo solamente. Nos alegra afirmar nuestra unidad con todos aquellos que permanecen

---

[1] Para nuestros propósitos, una iglesia bautista reformada confesional es cualquier iglesia local que suscriba *La Segunda Confesión de Fe de Londres de 1677/1689* (2CFL).

firmes frente a los ataques del teísmo abierto.[2] Aunque diferimos en los detalles del Nuevo Pacto, estamos unidos en estos y muchos otros asuntos esenciales para la fe cristiana.

La frase «Nuevo Pacto» se usa explícitamente cinco veces en el Nuevo Testamento. Hay por lo menos cinco casos más en donde se alude claramente a dicho pacto. Sin embargo, esto no revela adecuadamente toda la importancia del Nuevo Pacto en la Biblia. Los últimos 27 Libros de nuestras Biblias son llamados *El Nuevo Testamento*. Esta frase es una traducción alternativa de *Nuevo Pacto*. En cierto sentido, el Nuevo Testamento es el Nuevo Pacto. Es decir, las Escrituras del Nuevo Testamento son las Escrituras del Nuevo Pacto, del mismo modo que las Escrituras del Antiguo Testamento son las Escrituras del Antiguo Pacto. Esto de ninguna manera despoja al cristiano del Antiguo Testamento. Al igual que el Antiguo Testamento tiene que ver con el establecimiento y las implicaciones del Antiguo Pacto, también el Nuevo Testamento tiene que ver con el establecimiento y las implicaciones del Nuevo Pacto.

Esta forma de hablar sobre las dos partes de nuestras Biblias no es meramente tradicional. En 2 Corintios 3:14, el apóstol Pablo, después de haberse referido al Nuevo Pacto en este mismo contexto (2 Cor. 3:6), habla de «la lectura del antiguo pacto». Lo que quiere decir con esta frase es la lectura pública consecutiva de las Escrituras

---

[2] Nota de los traductores: El teísmo abierto es una construcción teológica que afirma que la meta más elevada de Dios es entrar en una relación recíproca con el hombre. Esta postura surge como una reacción racionalista a la postura ortodoxa clásica sobre los atributos de Dios (que proclama la inmutabilidad, impasibilidad y soberanía de Dios) y se fundamenta en la interpretación literal de los textos bíblicos en los que se habla de Dios como si tuviera sentimientos, como si fuera sorprendido, o como si careciera de conocimiento. Esta negación de la doctrina bíblica e histórica de Dios lleva a la conclusión de que el atributo más importante de Dios es el amor y, como supone que la voluntad del hombre es verdaderamente libre en el sentido libertario, que Dios no conoce el futuro, sino que aprende, comete errores y cambia de opinión.

del Antiguo Testamento en las sinagogas judías. El Nuevo Testamento no solo se refiere frecuente y explícitamente al Nuevo Pacto; en cierto sentido, las Escrituras del Nuevo Testamento son el Nuevo Pacto. Obviamente, el tema del Nuevo Pacto es de vital importancia para todos los cristianos.

A pesar de toda la atención que se presta al Nuevo Pacto en nuestro Nuevo Testamento, es asombroso darse cuenta de que hay un solo pasaje en todo el Antiguo Testamento donde aparece esta frase. Ese pasaje fundamental será el punto central de este estudio. Se trata de Jeremías 31:31-34.

El subtítulo sugiere la premisa de este estudio: *El Nuevo Pacto como la Constitución de la Iglesia*. Para expresar esta premisa con claridad: *El Nuevo Pacto es la Constitución de la Iglesia de Cristo*. En otras palabras, lo que la Constitución de los Estados Unidos de América es para nuestro país,[3] lo que la *Carta Magna* es para la Mancomunidad Británica, eso es el Nuevo Pacto para la Iglesia de Cristo.

El término *pacto* es indudablemente una de las palabras más importantes de la Biblia, se usa más de 280 veces en el Antiguo Testamento, y más de 30 veces en el Nuevo Testamento. Con razón ha sido el centro de muchos debates entre eruditos. Algo importante para este estudio, y que ya quedó aquí establecido, es lo siguiente: que, en la Biblia, un pacto es, entre otras cosas, la base formal o legal de una relación. Por ejemplo, en Malaquías 2:14 («ella es tu compañera y la mujer de tu pacto») habla del pacto matrimonial como la base formal, vinculante y legal del matrimonio. De manera similar, el Antiguo Pacto o Pacto Mosaico era la base formal y legal de la existencia nacional de Israel. Establecía los términos en los que Jehová había tomado formalmente a la nación de Israel como Su novia. Otro ejemplo es Ezequiel 16:8, que dice:

---

[3] Nota de los traductores: El autor vive en los EE. UU.

«Entonces pasé junto a ti y te vi, y he aquí, tu tiempo era tiempo de amores; extendí mi manto sobre ti y cubrí tu desnudez. Te hice juramento y entré en pacto contigo» —declara el Señor DIOS— «y fuiste mía».

Este Antiguo Pacto es comparado y contrastado explícitamente con el Nuevo Pacto en Jeremías 31.

Por eso el Nuevo Pacto es la Constitución de la Iglesia. Aunque las Constituciones eclesiales escritas son lícitas por el bien de la administración de las iglesias, la premisa para este estudio es que el Nuevo Pacto es en sí mismo la base formal y la regla legal definitivas de la Iglesia. Por lo tanto, este estudio se dedicará a establecer y exponer esta premisa partiendo de Jeremías 31.

Por lo que está en juego, y en aras de presentar un manifiesto bautista reformado, este estudio será un tanto polémico. A medida que avancemos, analizaremos los puntos de vista de otros con los que diferimos. Cuando saquemos a la luz los distintivos de los bautistas reformados confesionales que se fundamentan en el Nuevo Pacto, quedarán al descubierto algunas diferencias con otros cristianos evangélicos. Nos conduciremos en interés de la verdad, sin intención alguna de hacer mal a nadie.

He aquí el esquema que seguiremos:
1. *El Nuevo Pacto como la Constitución de la Iglesia y el dispensacionalismo*
2. *El Nuevo Pacto como la Constitución de la Iglesia y el antinomianismo*
3. *El Nuevo Pacto como la Constitución de la Iglesia y el arminianismo*
4. *El Nuevo Pacto como la Constitución de la Iglesia y el paidobautismo*

Abordaremos estos temas así: Mientras examinamos el Nuevo Pacto, se establecerá la doctrina bautista reformada confesional, y luego se comparará y contrastará con el dispensacionalismo, el antinomianismo, el arminianismo y el paidobautismo. El resultado será un manifiesto bautista reformado basado en el Nuevo Pacto como la Constitución de la Iglesia.

CAPÍTULO 1

El Nuevo Pacto como la Constitución de la Iglesia versus el dispensacionalismo

En primer lugar, se debe establecer que el Nuevo Pacto es, en efecto, la Constitución de la Iglesia; especialmente porque algunos han negado que tenga esa relevancia. En este capítulo pondremos gran parte del fundamento sobre el cual se construye el resto de este estudio.

En Jeremías 31:31-34, leemos:

> He aquí, vienen días —declara el SEÑOR— en que haré con la casa de Israel y con la casa de Judá un nuevo pacto, no como el pacto que hice con sus padres el día que los tomé de la mano para sacarlos de la tierra de Egipto, mi pacto que ellos rompieron, aunque fui un esposo para ellos —declara el SEÑOR; porque este es el pacto que haré con la casa de Israel después de aquellos días —declara el SEÑOR—. Pondré mi ley dentro de ellos, y sobre sus corazones la escribiré; y yo seré su Dios y ellos serán mi pueblo. Y no tendrán que enseñar más cada uno a su prójimo y cada cual a su hermano, diciendo: «Conoce al SEÑOR», porque todos me conocerán, desde el más pequeño de ellos hasta el más grande —declara el SEÑOR— pues perdonaré su maldad, y no recordaré más su pecado.

La pregunta que debemos responder en este punto es: ¿Realmente tiene este pasaje algo que ver con la Iglesia? ¿Es realmente el Nuevo Pacto la Constitución de la Iglesia? Esta pregunta es particularmente crucial porque, como insinuamos anteriormente, es negada por un importante segmento del cristianismo evangélico. Abordaremos este punto mostrando la validez de esta premisa (es decir, que el Nuevo Pacto es la Constitución de la Iglesia) bajo tres encabezados:

- Su negación
- Su defensa
- Su dificultad

Su negación: La promesa del Nuevo Pacto no se aplica a la Iglesia

La negación de que el Nuevo Pacto sea estrictamente relevante para la Iglesia viene de un movimiento que domina gran parte del cristianismo estadounidense. Este movimiento o sistema de interpretación se conoce comúnmente como *dispensacionalismo*. Quizás es más conocido como el sistema de interpretación que fue popularizado por la {título oficial} *Biblia de Referencia Scofield*.

Este sistema, en su forma clásica, niega que el Nuevo Pacto se cumpla en (o que sea la Constitución de) la Iglesia. Antes de probar esta afirmación, es necesario aclararla brevemente. Debemos aclararla primero porque puede haber algunos que se quejen de que es una tergiversación afirmar que el dispensacionalismo niega que el Nuevo Pacto se cumple en la Iglesia.

En años recientes se han propuesto diferentes versiones de lo que se denomina *dispensacionalismo progresivo*. No pocos eruditos evangélicos son muy conscientes de las insuficiencias bíblicas del dispensacionalismo clásico. En vez de admitir la insuficiencia del dispensacionalismo en sí, estos eruditos han intentado redefinirlo. Al redefinirlo pueden seguir reclamando lealtad a su venerado sistema.

Sin embargo, hay un problema con aquellos que objetan que el dispensacionalismo está siendo tergiversado. Si se permite a los eruditos definir el dispensacionalismo como les plazca, entonces puede convertirse en cualquier cosa que ellos quieran que sea. Algunos dispensacionalistas modernos redefinen su sistema para que aquellos que no son dispensacionalistas puedan ser categorizados como si lo fueran. Hay algo mal con su definición cuando puede convertir el antidispensacionalismo en dispensacionalismo. Cuando mi definición personal de *manzana* es tan amplia que —según esta definición— los *tomates* son *manzanas*, entonces hay algo inadecuado en esa definición. Uno se pregunta si lo que constituye el dispensacionalismo hoy será lo que constituya el dispensacionalismo mañana.

Estos eruditos pueden compararse a un aficionado a los autos antiguos que tiene la vieja y oxidada armazón y carrocería de un antiguo {Ford} Modelo T desmontado en su patio trasero. Le pone un motor Mitsubishi de 4 cilindros, una trasmisión Mercedes, aros Porsche y neumáticos Michelin. En fin, lo reacondiciona tanto que, cuando termina, el único elemento fabricado antes de 1990 en ese automóvil es la armazón y parte de la carrocería. Entonces viene a ti y alega ser dueño de un auto Ford modelo T. ¿Cuál es el problema? Que él es dueño de un auto Ford modelo T solo en un sentido extremadamente limitado de la palabra. Mucho del dispensacionalismo contemporáneo sigue siendo dispensacionalismo, pero solo en un sentido extremadamente limitado de la palabra.

Una segunda respuesta a aquellos que se preocupan de que el dispensacionalismo esté siendo tergiversado es que, independientemente de cómo lo definan en el contexto académico, no es el tipo de dispensacionalismo que se cree en los asientos de las iglesias por todo los Estados Unidos y el mundo. De lo que se está hablando principalmente es del dispensacionalismo clásico que comúnmente creído en EE. UU.[1]

---

[1] Se hará constar más adelante que tampoco el dispensacionalismo progresivo logra tratar adecuadamente con la promesa del Nuevo Pacto y su cumplimiento en, y aplicación a, la Iglesia.

Se puede demostrar que el dispensacionalismo clásico niega que el Nuevo Pacto se cumpla en la Iglesia citando a algunos de los maestros más conocidos de este sistema de pensamiento. En su clásico tratado sobre escatología dispensacionalista, titulado {título oficial} *Eventos del Porvenir*, J. Dwight Pentecost dice:

> ... el nuevo pacto de Jeremías 31:31-34 debe y puede ser cumplido solamente por la nación de Israel y no por la Iglesia [...]. [E]l pacto sigue sin cumplirse y espera un cumplimiento futuro y literal.[2]

Otro antiguo profesor del Seminario Teológico de Dallas, Charles C. Ryrie, declara sucintamente su punto de vista de esta manera: «El Nuevo Pacto no solo es futuro sino también milenarista».[3] Un tercer exponente principal y conocido profesor del dispensacionalismo clásico reitera este punto, John Walvoord afirma: «... la postura premilenarista es que el Nuevo Pacto es con Israel y que su cumplimiento es en el Reino milenarista después de la segunda venida de Cristo».[4]

Esta negación no es ocasional ni carece de valor para el premilenarismo dispensacionalista clásico. Ryrie afirma que el dispensacionalismo tiene tres elementos esenciales. Según Ryrie, uno de estos es que

---

[2] J. Dwight Pentecost, *Things to Come* (Grand Rapids, Míchigan: Zondervan Publishing House, 1964, 1979), pp. 124-125. Nota de los traductores: Para traducir al español todos los fragmentos tomados de esta fuente nos guiamos por la edición en inglés citada por el autor.

[3] Charles C. Ryrie, *The Basis of the Premillennial Faith* {título oficial: *Las Bases de la Fe Premilenial*} (Neptune, Nueva Jersey: Loizeaux Brothers, 1975), p. 112. Nota de los traductores: Para traducir al español todos los fragmentos tomados de esta fuente nos guiamos por la edición en inglés citada por el autor.

[4] John Walvoord, *The Millennial Kingdom* {trad. no oficial: *El Reino milenial*} (Findlay, Ohio: Dunham, 1958), p. 209.

Un dispensacionalista mantiene la distinción entre Israel y la Iglesia […]. [U]n hombre que no logra distinguir entre Israel y la Iglesia inevitablemente no sostendrá las distinciones dispensacionalistas.[5]

Y añade: «Si la Iglesia está cumpliendo las promesas de Israel contenidas en el Nuevo Pacto o en cualquier parte de las Escrituras, entonces el premilenarismo está condenado».[6] En un contexto en el que se supone que la Iglesia es el cumplimiento del Nuevo Pacto, Pentecost reconoce que «si la Iglesia es el cumplimiento de este pacto, puede también ser el cumplimiento de los otros pactos hechos con Israel y no hay necesidad alguna de un milenio terrenal».[7]

El premilenarismo dispensacionalista clásico no niega simplemente que la Iglesia sea el cumplimiento del Nuevo Pacto; tiene que negarlo o colapsará por completo. Esta conclusión es obvia, incluso para los que se adhieren a este sistema. El dispensacionalismo clásico no puede admitir que la Iglesia sea el cumplimiento del Nuevo Pacto hecho con Israel. Esto sería no lograr mantener una distinción y separación entre Israel y la Iglesia. Sería admitir que Israel y la Iglesia son lo mismo en cierto sentido. Según Ryrie y Pentecost, esto destruiría el premilenarismo (y toda forma de dispensacionalismo); y, por supuesto, tienen toda la razón.

---

[5] Charles Caldwell Ryrie, *Dispensationalism Today* {título oficial: *Dispensacionalismo Hoy*} (Chicago: Moody Press, 1965), pp. 44-48. Nota de los traductores: Para traducir al español todos los fragmentos tomados de esta fuente nos guiamos por la edición en inglés citada por el autor.

[6] Ryrie, *Premillennial Faith*, pp. 105-106, 111. Hay otras razones para la «condenación» del premilenarismo. Véase *El fin de los tiempos: Una explicación para todos* (Publicaciones Faro de Gracia, 2020), escrito por el mismo autor del presente *Manifiesto*. Nota de los editores: Véanse también Samuel E. Waldron, *Más del Fin de los Tiempos: Otra Explicación para Todos* (Santo Domingo, Ecuador: Editorial Legado Bautista Confesional, 2020); y, por el mismo autor, *Una Respuesta Amistosa al Manifiesto Milenarista de MacArhur* (Santo Domingo, Ecuador: Editorial Legado Bautista Confesional, 2020).

[7] Pentecost, *Things to Come*, p. 116.

Su defensa: La promesa del Nuevo Pacto sí se aplica a la Iglesia

La defensa de nuestra premisa de que el Nuevo Pacto es cumplido en y por la Iglesia no es difícil ni complicada. Simplemente miraremos el uso que el Nuevo Testamento hace de Jeremías 31:31-34 y trataremos de responder esta pregunta: ¿Qué enseña el Nuevo Testamento sobre el cumplimiento del Nuevo Pacto? Examinaremos siete pasajes para obtener la respuesta.

Lucas 22:20

En Lucas 22:20, Jesús dijo: «Esta copa es el nuevo pacto en mi sangre, que es derramada por vosotros». Esta es la última cena de Jesús con Sus apóstoles, la ocasión en que fue instituida la Cena del Señor. Según Efesios 2:20, los apóstoles fueron el fundamento de la Iglesia. Jesús habla de la copa que comparte con Sus apóstoles como «el nuevo pacto en mi sangre»; es decir, la copa era el símbolo externo del Nuevo Pacto. El hecho de que bebieran de la copa simbolizaba claramente su participación de la sangre de Cristo y de las bendiciones que esto asegura.

1 Corintios 11:25

En 1 Corintios 11:25, Pablo dice a la Iglesia de los corintios: «De la misma manera tomó también la copa después de haber cenado, diciendo: Esta copa es el nuevo pacto en mi sangre; haced esto cuantas veces la bebáis en memoria de mí». Este es el pasaje definitivo sobre el tema de la Cena del Señor en el Nuevo Testamento. Demuestra que los sucesos registrados en Lucas 22:20 tenían la intención de instituir una ordenanza de continua vigencia para la Iglesia (véanse 1 Cor. 11:17-22 y 1:1-2). Siendo este el caso, cada vez que un cristiano toma la copa que Cristo mismo identificó como «el nuevo pacto en mi sangre», está diciendo: —*Yo tengo parte en el Nuevo Pacto, en sus bendiciones, en sus reglas, {tengo parte} en este como la Constitución de la Iglesia de Cristo.*

2 Corintios 3:3-6

Dice Pablo:

> [3] siendo manifiesto que sois carta de Cristo redactada por nosotros, no escrita con tinta, sino con el Espíritu del Dios vivo; no en tablas de piedra, sino en tablas de corazones humanos. [4] Y esta confianza tenemos hacia Dios por medio de Cristo: [5] no que seamos suficientes en nosotros mismos para pensar que cosa alguna procede de nosotros, sino que nuestra suficiencia es de Dios, [6] el cual también nos hizo suficientes como ministros de un nuevo pacto, no de la letra, sino del Espíritu; porque la letra mata, pero el Espíritu da vida.

La referencia que hace este pasaje a Jeremías 31:31-34 no puede ser evadida. En Jeremías 31:33 leemos que Dios escribe Su ley sobre los corazones de Su pueblo, al igual que notamos en este contexto. En 2 Corintios 3:3 leemos: «siendo manifiesto que sois carta de Cristo redactada por nosotros, no escrita con tinta, sino con el Espíritu del Dios vivo; no en tablas de piedra, sino en tablas de corazones humanos». Por lo tanto, los gentiles de Corintio que eran creyentes y miembros de la iglesia poseían las bendiciones prometidas en el Nuevo Pacto que se encuentra en Jeremías 31.

Pero el versículo 6 es aún más significativo. Pablo, el apóstol a los gentiles, el apóstol de la Iglesia, se identifica como ministro o servidor de «un nuevo pacto». Ahora bien, hay que insistir en esta pregunta: ¿Cómo podría el apóstol a los gentiles ser un ministro o servidor del Nuevo Pacto si ese pacto no se cumple en la Iglesia, sino que es «futuro y milenarista»?

Hebreos

El Nuevo Pacto y Jeremías 31 tienen su más concentrada exposición neotestamentaria en la Epístola a los Hebreos. Se ha argumentado que esta Carta y sus referencias al Nuevo Pacto son irrelevantes para los gentiles en la Iglesia. {Quienes afirman tal cosa} preguntan: ¿No fue escrito Hebreos para los judíos?

Es posible que la mayoría de aquellos a quienes se dirigió originalmente la Epístola a los Hebreos fueran judíos en lo que respecta a su origen nacional; sin embargo, eso no resta importancia a la trascendencia de esta Carta para la Iglesia cristiana y los temas que nos ocupan. Esto es cierto al menos por tres razones.

En primer lugar, como Hebreos forma parte del Nuevo Testamento y se escribió después del fin de la dispensación del Antiguo Testamento, los privilegios que otorga y los deberes que impone sobre los judíos cristianos no pueden limitarse a los judíos. Esto sería reedificar la pared intermedia de separación entre judíos y gentiles que, por medio de Su cruz, Cristo derribó. Este punto se hará aún más evidente cuando comencemos a examinar los pasajes en Hebreos.

En segundo lugar, esto es subrayado por el hecho de que Hebreos fue escrito principalmente para judíos cristianos. Estos judíos cristianos estaban siendo exhortados a no apostatar regresando al judaísmo.

En tercer lugar, los destinatarios de la Epístola eran miembros de iglesias cristianas. Se les advierte, por ejemplo, que no dejaran de congregarse (Heb. 10:25) y se les exhorta: «Obedeced a vuestros pastores y sujetaos a ellos, porque ellos velan por vuestras almas» (Heb. 13:17). Esto es claramente una referencia a los ancianos de aquellas iglesias cristianas de las cuales —se supone— ellos eran miembros.

Hebreos 8:1, 6-13

(1) Ahora bien, el punto principal de lo que se ha dicho es éste: tenemos tal sumo sacerdote, el cual se ha sentado a la diestra del

trono de la Majestad en los cielos [...]. (6) Pero ahora Él ha obtenido un ministerio tanto mejor, por cuanto es también el mediador de un mejor pacto, establecido sobre mejores promesas. (7) Pues si aquel primer pacto hubiera sido sin defecto, no se hubiera buscado lugar para el segundo. (8) Porque reprochándolos, Él dice:

> MIRAD QUE VIENEN DÍAS, DICE EL SEÑOR,
> EN QUE ESTABLECERÉ UN NUEVO PACTO
> CON LA CASA DE ISRAEL Y CON LA CASA DE JUDA;
>
> (9) NO COMO EL PACTO QUE HICE CON SUS PADRES
> EL DÍA QUE LOS TOMÉ DE LA MANO
> PARA SACARLOS DE LA TIERRA DE EGIPTO;
> PORQUE NO PERMANECIERON EN MI PACTO,
> Y YO ME DESENTENDÍ DE ELLOS, DICE EL SEÑOR.
>
> (10) PORQUE ESTE ES EL PACTO QUE YO HARÉ CON LA CASA DE ISRAEL
> DESPUÉS DE AQUELLOS DÍAS, DICE EL SEÑOR:
> PONDRÉ MIS LEYES EN LA MENTE DE ELLOS,
> Y LAS ESCRIBIRÉ SOBRE SUS CORAZONES.
> Y YO SERÉ SU DIOS,
> Y ELLOS SERÁN MI PUEBLO.
>
> (11) Y NINGUNO DE ELLOS ENSEÑARÁ A SU CONCIUDADANO
> NI NINGUNO A SU HERMANO, DICIENDO: «CONOCE AL SEÑOR»,
> PORQUE TODOS ME CONOCERÁN,
> DESDE EL MENOR HASTA EL MAYOR DE ELLOS.
>
> (12) PUES TENDRÉ MISERICORDIA DE SUS INIQUIDADES,
> Y NUNCA MÁS ME ACORDARÉ DE SUS PECADOS.

(13) Cuando Él dijo: Un nuevo pacto, hizo anticuado al primero; y lo que se hace anticuado y envejece, está próximo a desaparecer.

El escritor cita aquí Jeremías 31:31-34 para hablar del mejor pacto del que nuestro Sumo Sacerdote es Ministro y Mediador. Esto ciertamente implica que el Nuevo Pacto prometido en Jeremías fue inaugurado por Cristo y se está cumpliendo en la actualidad.[8]

---

[8] El dispensacionalismo clásico argumentaba que el escritor de Hebreos jamás tuvo la intención de enseñar que el Nuevo Pacto de Israel ya estuviera en operación. Pentecost dice: «Así que en Hebreos 8 se cita la promesa de Jeremías solo para probar que el Antiguo Pacto (es decir, el Pacto Mosaico) era temporal desde su inicio, y que Israel nunca pudo confiar en aquello que

Hebreos 9:14-15

(14) ¿cuánto más la sangre de Cristo, el cual por el Espíritu eterno se ofreció a sí mismo sin mancha a Dios, purificará vuestra conciencia de obras muertas para servir al Dios vivo? (15) Y por eso Él es el mediador de un nuevo pacto, a fin de que habiendo tenido lugar una muerte para la redención de las transgresiones que se cometieron bajo el primer pacto, los que han sido llamados reciban la promesa de la herencia eterna.

Aquí se presenta a Jesús como el Mediador del Nuevo Pacto que confiere limpieza y redención del pecado a los beneficiarios del pacto. Estos beneficiarios son descritos como «los que han sido llamados» (v. 15). El Nuevo Testamento enseña que Dios está llamando tanto a judíos como a gentiles a la promesa de la herencia eterna (Rom. 9:24). Si has sido llamado, entonces Jesús es tu Mediador del Nuevo Pacto, y participas del Nuevo Pacto y sus bendiciones.

Hebreos 10:10-19

(10) Por esta voluntad hemos sido santificados mediante la ofrenda del cuerpo de Jesucristo una vez para siempre. (11) Y ciertamente todo sacerdote está de pie, día tras día, ministrando y ofreciendo muchas veces los mismos sacrificios, que nunca pueden quitar los pecados; (12) pero Él, habiendo ofrecido un solo sacrificio por los

---

era temporal, sino que tenía que esperar lo que era eterno. Aquí, como en Hebreos 10:16, se cita el pasaje de Jeremías, no para declarar que lo que en Jeremías se promete esté operativo o sea eficaz ahora, sino más bien que el Antiguo Pacto era temporal, ineficaz y anticipatorio de un nuevo pacto que sería permanente y eficaz en su modo de operación. Es una tergiversación del pensamiento del escritor de Hebreos afirmar que enseña que el Nuevo Pacto de Israel está operativo con la Iglesia ahora» (Pentecost, *Things to Come*, pp. 125-126). Pentecost sí dice que el Nuevo Pacto fue instituido por la sangre de Cristo, pero que «estos [israelitas étnicos] con quienes primaria y originalmente se hizo {el pacto} no recibirán su cumplimiento ni sus bendiciones hasta que les sea confirmado y hecho realidad en la segunda venida de Cristo [...]. Ciertamente hay una diferencia entre la institución del pacto y la materialización de sus beneficios» (Pentecost, *Things to Come*, pp. 126-127).

pecados para siempre, SE SENTÓ A LA DIESTRA DE DIOS, ⁽¹³⁾ esperando de ahí en adelante HASTA QUE SUS ENEMIGOS SEAN PUESTOS POR ESTRADO DE SUS PIES. ⁽¹⁴⁾ Porque por una ofrenda Él ha hecho perfectos para siempre a los que son santificados. ⁽¹⁵⁾ Y también el Espíritu Santo nos da testimonio; porque después de haber dicho:

⁽¹⁶⁾ ESTE ES EL PACTO QUE HARÉ CON ELLOS
DESPUÉS DE AQUELLOS DÍAS —DICE EL SEÑOR:
PONDRÉ MIS LEYES EN SU CORAZÓN,
Y EN SU MENTE LAS ESCRIBIRÉ, añade:
⁽¹⁷⁾ Y NUNCA MÁS ME ACORDARÉ DE SUS PECADOS E INIQUIDADES.

⁽¹⁸⁾ Ahora bien, donde hay perdón de estas cosas, ya no hay ofrenda por el pecado. ⁽¹⁹⁾ Entonces, hermanos, puesto que tenemos confianza para entrar al Lugar Santísimo por la sangre de Jesús...

La promesa del Nuevo Pacto de que Dios nunca más se acordará de nuestros pecados e iniquidades (Jer. 31:34) se ve aquí cumplida por el sacrificio de Cristo. Gracias a esta promesa, como cristianos «tenemos confianza para entrar al Lugar Santísimo» (v. 19). Así que todo cristiano judío o gentil que entra en el Lugar Santísimo en oración privada o en adoración pública por la sangre de Cristo, lo hace porque ha sido hecho partícipe del Nuevo Pacto y sus bendiciones.

Hebreos 12:22-24

⁽²²⁾ Vosotros, en cambio, os habéis acercado al monte Sion y a la ciudad del Dios vivo, la Jerusalén celestial, y a miríadas de ángeles, ⁽²³⁾ a la asamblea general e iglesia de los primogénitos que están inscritos en los cielos, y a Dios, el Juez de todos, y a los espíritus de los justos hechos ya perfectos, ⁽²⁴⁾ y a Jesús, el mediador del nuevo pacto, y a la sangre rociada que habla mejor que la sangre de Abel.

Al habernos acercado al monte Sion, hemos venido también a la «iglesia de los primogénitos» (v. 23). Sin embargo, estas bendiciones se nos confieren en y por medio de lo que se menciona en el versículo 24. Lo que se menciona en el versículo 24 ocupa un lugar culminante en el pasaje porque es por medio de esto que se todas las demás bendiciones han sido conferidas. En otras palabras, es por medio de Jesús (el Mediador del Nuevo Pacto) y por medio de la sangre rociada que en nuestra condición hemos podido acercarnos al monte Sion y a la iglesia de los primogénitos. Por tanto, tener un lugar en la Iglesia solo es posible en virtud de una relación con el Mediador del Nuevo Pacto.

Conclusión

Cada uso de Jeremías 31:31-34 en el Nuevo Testamento lo relaciona con un cumplimiento en la Iglesia en el presente. Dicho de otro modo, no hay justificación en ninguna parte del Nuevo Testamento para ver el cumplimiento de este pasaje como algo futuro y milenarista (ni en su totalidad ni en parte). En cambio, hay razones más que suficientes para verlo como la Constitución de la Iglesia en «el presente siglo». Basta con recordar lo que hemos visto. El Salvador de la Iglesia es el Mediador del Nuevo Pacto. El apóstol de la Iglesia es un servidor del Nuevo Pacto. El origen de la Iglesia se debe a las bendiciones del Nuevo Pacto. Las propias ordenanzas de la Iglesia son señales del Nuevo Pacto. Por tanto, debemos concluir que el Nuevo Pacto es la Constitución de la Iglesia.

Su dificultad: La dificultad de aplicar el Nuevo Pacto a la Iglesia

A pesar de la claridad del testimonio del Nuevo Testamento sobre este tema, puede quedar un problema en la mente del lector. A pesar de todas estas pruebas, podría haber en algunos una duda persistente. Puede que alguien se pregunte: ¿Acaso no dice Jeremías 31 que el Nuevo Pacto fue hecho con la casa de Israel y con la casa de Judá? ¿Cómo puede ser entonces que el Nuevo Pacto se cumpla en la Iglesia, que es mayoritariamente gentil?

La respuesta sencilla a esta pregunta es que la Iglesia es Israel. Para declararlo con mayor precisión: Si el Nuevo Pacto se está cumpliendo actualmente, {entonces} tiene que haber sido hecho con, y tiene que haber constituido, un Nuevo Israel. Lejos de la ruptura que hace el dispensacionalismo clásico entre la Iglesia e Israel, la Biblia enseña que la Iglesia es la continuación de Israel de una nueva forma en la nueva edad. Hay muchas pruebas que lo demuestran, pero examinaremos solo los tres pasajes más importantes en el Nuevo Testamento que prueban que la Iglesia es el Nuevo Israel. Esto se opone a toda forma de dispensacionalismo, como veremos más adelante.[9]

Gálatas 3:29

Pablo dice: «Y si sois de Cristo, entonces sois descendencia de Abraham, herederos según la promesa». Pablo culmina su argumentación en el capítulo 3 de Gálatas con la afirmación de que la verdadera descendencia de Abraham, el verdadero Hijo de Dios, es Jesús, el Cristo (Gál. 3:16). Pero eso no es todo lo que dice. Los que están en Cristo, unidos a Él por medio de la fe, son también descendencia de Abraham y, por tanto, judíos espirituales y verdaderos israelitas.

Para algunos, todo esto puede parecer una «espiritualización». Por lo tanto, se debe señalar que la Iglesia es la descendencia de

---

[9] Aunque el dispensacionalismo progresivo considera que el Nuevo Pacto se cumple en la Iglesia, sigue exigiendo un Milenio futuro para que muchas profecías del Antiguo Testamento encuentren su cumplimiento. Esto no trata adecuadamente con el hecho de que el Israel de las profecías veterotestamentarias es la Iglesia del Señor Jesucristo. Puesto que la promesa del Nuevo Pacto en Jeremías se aplica a la Iglesia, entonces todas las demás profecías del Antiguo Testamento se aplican a la Iglesia (véase 2 Cor. 6:16-7:1, donde se aplican a la Iglesia las promesas veterotestamentarias del Pacto Davídico y el Nuevo Pacto [también Luc. 1:69; Hch. 2:22-36 y 15:12-18]; y Gálatas 3, donde se aplican a la Iglesia las promesas relativas al Pacto Abrahámico [también Luc. 1:54-55, 72-73]). No se necesita ningún Milenio futuro; todas las profecías del Antiguo Testamento que conciernen al futuro de Israel sobre esta tierra están siendo y serán cumplidas por la Iglesia, ya sea en «este siglo» o en «el venidero».

Abraham y el Israel de Dios solamente porque —como dice Gálatas 3:29 claramente— está unida a Aquel que es verdaderamente la descendencia física de Abraham.

Romanos 11:16-24

Y si el primer pedazo de masa es santo, también lo es toda la masa; y si la raíz es santa, también lo son las ramas. Pero si algunas de las ramas fueron desgajadas, y tú, siendo un olivo silvestre, fuiste injertado entre ellas y fuiste hecho participante con ellas de la rica savia de la raíz del olivo, no seas arrogante para con las ramas; pero si eres arrogante, recuerda que tú no eres el que sustenta la raíz, sino que la raíz es la que te sustenta a ti. Dirás entonces: Las ramas fueron desgajadas para que yo fuera injertado. Muy cierto; fueron desgajadas por su incredulidad, pero tú por la fe te mantienes firme. No seas altanero, sino teme; porque si Dios no perdonó a las ramas naturales, tampoco a ti te perdonará. Mira, pues, la bondad y la severidad de Dios; severidad para con los que cayeron, pero para ti, bondad de Dios si permaneces en su bondad; de lo contrario también tú serás cortado. Y también ellos, si no permanecen en su incredulidad, serán injertados, pues poderoso es Dios para injertarlos de nuevo. Porque si tú fuiste cortado de lo que por naturaleza es un olivo silvestre, y contra lo que es natural fuiste injertado en un olivo cultivado, ¿cuánto más éstos, que son las ramas naturales, serán injertados en su propio olivo? (Rom. 11:16-24)

Aquí Pablo compara al pueblo de Dios con un olivo. La raíz del olivo es la promesa del pacto hecha a los patriarcas judíos. Las ramas naturales son los judíos. Ahora bien, ¿qué pasó cuando vino Cristo? ¿Desarraigó Dios al viejo olivo? ¿Plantó Él una higuera nueva a lado del viejo olivo? ¿Plantó Dios quizá un segundo olivo? La respuesta a todas estas preguntas es un no rotundo. Este pasaje enseña claramente que el mismo viejo olivo continuó existiendo, pero sus ramas judías incrédulas fueron desgajadas y se injertaron nuevas ramas: gentiles creyentes. ¿A dónde quiero llegar con esto? El dispensacionalismo clásico enseña que la Iglesia e Israel son dos pueblos de Dios diferentes, distintos y separados. El punto de vista de la Biblia contrasta marcadamente con esta postura. Las

Escrituras enseñan que la Iglesia no es un nuevo olivo, {sino que} es el viejo olivo, pero con nuevas ramas creyentes; enseñan que la Iglesia es Israel: el Nuevo Israel. Pablo parece ser completamente insensible a las «distinciones dispensacionalistas» en este pasaje.

Efesios 2:11-13

(11) Recordad, pues, que en otro tiempo vosotros los gentiles en la carne, llamados incircuncisión por la tal llamada circuncisión, hecha por manos en la carne, (12) recordad que en ese tiempo estabais separados de Cristo, excluidos de la ciudadanía de Israel, extraños a los pactos de la promesa, sin tener esperanza, y sin Dios en el mundo. (13) Pero ahora en Cristo Jesús, vosotros, que en otro tiempo estabais lejos, habéis sido acercados por la sangre de Cristo.

El versículo 13 plantea una pregunta crucial: ¿A qué han «sido acercados» los gentiles? La respuesta es tan obvia como la pregunta. Dos consideraciones hacen que la respuesta esté más allá de toda duda.

En primer lugar, es claro que ellos han sido acercados a aquellas cosas de las que el versículo 12 dice que antes estaban excluidos. ¿Cuáles son esas cosas? Entre otras, «la ciudadanía de Israel».

En segundo lugar, la transición de ser excluidos a ser incluidos se repite en la conclusión que hace Pablo de este pasaje en el versículo 19. Nótese el «Así pues» con el que comienza el versículo 19: «Así pues, ya no sois extraños ni extranjeros, sino que sois conciudadanos de los santos y sois de la familia de Dios» (Efe. 2:19). Ahora se dice que los compañeros en la fe gentiles son «conciudadanos de los santos». Claramente, los «santos» aquí mencionados son los santos judíos. Aún más significativo es el hecho de que la palabra traducida «conciudadanos» se deriva de la misma raíz traducida «ciudadanía» en el versículo 12. El punto de Pablo es suficientemente claro. Ahora, por la obra de Cristo, los gentiles creyentes son ciudadanos de pleno derecho de la nación de Israel.

Conclusión

El Nuevo Pacto puede cumplirse en la Iglesia porque esta es el Nuevo Israel de Dios. Además, se debe enfatizar que esto no es espiritualizar. La Cabeza de la Iglesia, la raíz de la Iglesia, el fundamento apostólico de la Iglesia, incluso los primeros miembros de la Iglesia fueron todos judíos.

Un predicador radiofónico afirmó una vez que cierto capítulo de Hechos era «territorio judío». Sin embargo, hay mucho más «territorio judío» en el libro de Hechos que un solo capítulo. De hecho, todo el Nuevo Testamento es «territorio judío», porque todo el origen de la Iglesia misma es «judío».

Implicaciones prácticas

Hemos establecido la validez de nuestra premisa de que el Nuevo Pacto se cumple en la Iglesia y es su Constitución. En este proceso, el sistema dispensacionalista clásico de interpretación de la Biblia ha sido pesado en la balanza de las Escrituras y fue hallado falto. Como recordarán, citamos a un portavoz representativo de este sistema que dijo:

> [U]n hombre que no logra distinguir entre Israel y la Iglesia inevitablemente no sostendrá las distinciones dispensacionalistas [...]. Si la Iglesia está cumpliendo las promesas de Israel contenidas en el Nuevo Pacto o en cualquier parte de las Escrituras, entonces el premilenarismo está condenado.

Pero la propia Biblia se niega a sostener una distinción entre Israel y la Iglesia como hacen todas las formas de dispensacionalismo. Ya hemos visto la postura del dispensacionalismo clásico sobre este tema. Ahora escuchen lo que Robert L. Saucy presenta como el punto de vista del dispensacionalismo progresivo:

> La enseñanza bíblica sobre las funciones de Israel y la Iglesia en la historia revela que, aunque tienen mucho en común, siguen siendo distintivamente diferentes. El Israel creyente y los miembros de la

Iglesia son uno en cuanto a su participación en la salvación escatológica del Nuevo Pacto. Debido a la relación con Dios que esto conlleva, {Israel y la Iglesia} son por igual y conjuntamente «el pueblo de Dios» [...]. En los dos Testamentos, la identidad de «Israel» es siempre el pueblo histórico descendiente de Abraham a través de Jacob que llegó a ser una nación. Israel fue llamado a dar testimonio de la salvación de Dios a las demás naciones como una nación entre las naciones. La Iglesia, en cambio, es identificada en el Nuevo Testamento como un pueblo llamado de entre *todas* las naciones. A distinción de Israel en su ser y testimonio como «nación», la Iglesia está llamada a proclamar la salvación del Reino como individuos y como comunidad que vive en medio de las naciones, pero aún no en la plenitud de una «nación».[10]

Sin embargo, Jesús dijo a los Fariseos: «Por eso os digo que el reino de Dios os será quitado y será dado a una nación que produzca sus frutos» (Mat. 21:43). Pedro llamó a los cristianos a los que se estaba dirigiendo «nación santa» (1 Ped. 2:9). Por lo tanto, desde la perspectiva de la Biblia, la Iglesia es la nación de Israel escatológica, reconstituida según los términos del Nuevo Pacto. Así que la propia Biblia exige que rechacemos toda forma de dispensacionalismo en este punto. Somos conscientes de que esto es una afirmación tajante. No pretendemos ofender a nadie. Tampoco estamos negando que muchos cristianos sinceros y piadosos han sostenido y siguen sosteniendo este sistema. No estamos diciendo que esos cristianos no hayan enseñado muchas verdades bíblicas importantes. Simplemente estamos asegurando que el sistema dispensacionalista con sus peculiares puntos de vista sobre la Iglesia e Israel y la profecía es erróneo.

Es posible que algunos nunca hayan escuchado del dispensacionalismo, o que no lo consideren un problema realmente. ¿Qué tiene que decirles todo esto? Podrías estar profundamente influenciado

---

[10] Robert L. Saucy, *The Case for Progressive Dispensationalism* {trad. no oficial: *La defensa del dispensacionalismo progresivo*} (Grand Rapids, Míchigan: Zondervan Publishing House, 1993), p. 218.

por un error sin darte cuenta o incluso sin conocer su nombre. En este momento es apropiado hacer una advertencia contra un error que nuestro análisis ha expuesto y que de ninguna manera se limita a los dispensacionalistas: *Cuidado con minimizar la importancia de la Iglesia de Jesucristo.*

Muchas cosas en el dispensacionalismo conspiran para minimizar o despreciar la importancia de la Iglesia en el plan de Dios. El simple hecho de que, según el dispensacionalismo más antiguo, la Iglesia se convierta en uno de los dos pueblos distintos de Dios desprecia su importancia. El hecho de que {según dicho sistema} los acontecimientos proféticos realmente emocionantes tengan que ver con Israel profundiza el problema. Según el dispensacionalismo, las grandes profecías del Antiguo Testamento no son para la Iglesia sino para Israel.[11] En la edad de la Iglesia {señalan ellos}, vivimos en un gran paréntesis en la historia en el que el reloj profético se ha detenido. La dispensación de la Iglesia está condenada como todas las demás a terminar en un absoluto fracaso. La Iglesia visible es corrupta, apóstata, está destinada a empeorar, y seguro que fracasará. La conclusión de un maestro del dispensacionalismo

---

[11] Tanto el dispensacionalismo clásico como el progresivo enseñan que las grandes profecías del Antiguo Testamento son para Israel en un Milenio futuro (véase Saucy, *Progressive Dispensationalism*, pp. 221 en adelante). Sin embargo, cuando se reconoce que la Iglesia es el Israel de las profecías del Antiguo Testamento, no hay necesidad de un Milenio futuro para el cumplimiento de esas profecías. Esto se ve reforzado por el hecho de que el Nuevo Testamento se centra constantemente en la segunda venida de Cristo, la resurrección general, el Juicio final y los cielos nuevos y la tierra nueva como los próximos grandes acontecimientos proféticos y escatológicos, no en el Milenio. Véase *El fin de los tiempos: Una explicación para todos* (Publicaciones Faro de Gracia, 2020), escrito por el mismo autor del presente *Manifiesto*. Nota de los editores: Véanse también Samuel E. Waldron, *Más del Fin de los Tiempos: Otra Explicación para Todos* (Santo Domingo, Ecuador: Editorial Legado Bautista Confesional, 2020); y, por el mismo autor, *Una Respuesta Amistosa al Manifiesto Milenarista de MacArhur* (Santo Domingo, Ecuador: Editorial Legado Bautista Confesional, 2020).

clásico estaría seguramente en lo correcto si su enseñanza fuera verdad cuando dijo: «¡No des brillo a un barco que se está hundiendo!». No sorprende que muchos que profesan ser cristianos consideren la Iglesia y la membresía en la iglesia local como una parte opcional o secundaria de sus vidas cristianas. Después de todo, ¿no es suficiente ser miembro de la Iglesia espiritual e invisible?

Debemos poner la enseñanza de la Biblia frente a todas esas actitudes. La Iglesia es el Nuevo Israel. Es el cumplimiento de la profecía del Antiguo Testamento. Dios no tiene ninguna otra época, ningún otro plan, y ninguna otra organización mediante la cual Su Reino haya de poblarse con las naciones de la tierra. La Iglesia —dice Pablo— es ese pueblo para el cual «ha llegado el fin de los siglos» (1 Cor. 10:11). La Iglesia es el fruto del «propósito eterno que [el Padre] llevó a cabo en Cristo Jesús nuestro Señor» (Efe. 3:11). Por tanto, Pablo exclama: «a Él sea la gloria en la iglesia y en Cristo Jesús por todas las generaciones, por los siglos de los siglos. Amén» (Efe. 3:21).

Por lo tanto, se les amonesta solemnemente a que no minimicen la importancia de la Iglesia. He aquí algunas maneras en que se minimiza la Iglesia:

1. Considerar que no es más que una institución humana. La Iglesia es, a la vez, divinamente originada y divinamente regulada por el Nuevo Pacto. Cristo no estableció ninguna otra institución para llevar a cabo Su obra en el mundo. Fuera de las iglesias locales, no hay otras manifestaciones visibles bíblicamente justificadas de esta institución en el mundo.

2. Descuidar pecaminosamente la membresía en la iglesia {local}. Jesús fundó la Iglesia como Su Nuevo Israel. Él espera que Su pueblo busque la ciudadanía formal en esta. ¿Podría ser que la actitud despreocupada de algunos sobre la

membresía en la iglesia {local} tenga sus raíces en una minimización de la Iglesia de Cristo?

3. Aversión hacia su autoridad. Tal aversión por la responsabilidad bíblica ante una iglesia local y sus representantes designados es una forma de anarquía, si es que la Iglesia está realmente en el centro del plan de Dios para las edades.

4. Estancamiento de las expectativas que tenemos de la Iglesia caracterizado por una falta de visión. Es la iglesia la que debe evangelizar a los perdidos. Es la iglesia la que debe plantar otras iglesias. Es la iglesia la que debe comprometerse con las misiones al extranjero. Es la iglesia la que debe difundir la Palabra con la literatura, las publicaciones y las librerías. Es la iglesia la que debe preparar a hombres para el ministerio del evangelio. Hay que hacer grandes cosas, y es la iglesia la que debe hacerlas.

5. Una pesimista falta de oración por su prosperidad. La Iglesia es la manifestación establecida del pueblo de Dios, la heredad de Dios, el Israel de Dios; es la niña de los ojos de Dios; es el centro de las labores de nuestro Señor ascendido. Recuerden las palabras de Cristo: «... edificaré mi iglesia...» (Mat. 16:18). Las iglesias deben orar, esforzarse y tener esperanza como el Israel triunfante de Dios.

CAPÍTULO 2

El Nuevo Pacto como la Constitución de la Iglesia versus el antinomianismo

En este capítulo consideraremos el Nuevo Pacto como la Constitución de la Iglesia y el antinomianismo. La palabra *antinomiano* significa simplemente *en contra de la ley*. Hay varios tipos de antinomianos, pero de una manera u otra, todos ellos niegan que los Diez Mandamientos como unidad sean una regla de vida para el cristiano. Históricamente, los antinomianos han sido etiquetados de diferentes maneras, dependiendo del tipo de antinomianismo al que se adhieran. Los *antinomianos prácticos* no solo enseñan en contra de la ley en la vida cristiana, sino que a menudo también abogan por una vida «sin ley». En cambio, *los antinomianos doctrinales o moderados* no abogan por una vida «sin ley», pero niegan el tercer uso de la ley (es decir, los Diez Mandamientos como regla para la vida cristiana) o, en el mejor de los casos, defienden el tercer uso de la ley, pero redefinen lo que significa la ley.[1] Por ejemplo, el movimiento

---

[1] Véase Francis Turretin, *Institutes of Elenctic Theology* {título oficial: *Institución de la Teología Eléntica*} (Phillipsburg, Pensilvania: P&R Publishing, 1994), II:141 en adelante, donde analiza el hecho de que los antinomianos niegan el tercer uso de la ley. Véase Ernest F. Kevan, *The Grace of Law* {trad. no oficial: *La gracia de la ley*} (Grand Rapids, Míchigan: Baker Book House, 1976, 2.ª impresión, febrero de 1983), pp. 22 (nota al pie n.º 32), 24, 25, para comprobar que quienes negaban la perpetuidad del Decálogo y —por tanto— el tercer uso de la ley eran etiquetados como «moderadamente antinomianos»

llamado Teología del Nuevo Pacto (TNP) dentro de los círculos bautistas calvinistas encaja dentro del antinomianismo moderado o doctrinal.[2] La TNP niega la perpetuidad del Decálogo como unidad bajo el Nuevo Pacto y su función como el epítome[3] de la ley moral a lo largo de la historia de la redención. Sin embargo, la TNP como movimiento sí abomina del antinomianismo práctico, y con razón. Como veremos, los Diez Mandamientos funcionan como el epítome de la ley moral en la Biblia. Muchos en nuestros días niegan este hecho tan crucial. Por lo tanto, muchos cristianos en nuestros días son antinomianos en algún sentido.

Este capítulo se centrará en la exposición y aplicación de Jeremías 31:33. Las palabras «[p]ondré mi ley dentro de ellos, y sobre sus corazones la escribiré; y yo seré su Dios y ellos serán mi pueblo» serán el centro de nuestra atención. Aprenderemos acerca del lugar que ocupan los Diez Mandamientos y, por ende, la ley moral bajo el Nuevo Pacto. También expondremos el error del antinomianismo en sus diversas formas. Digámoslo una vez más, los términos de la Constitución de la Iglesia (el Nuevo Pacto) son

---

o «doctrinalmente antinomianos», aunque por lo demás fueran considerados personas virtuosas.

[2] Véase Jonathan F. Bayes, *The Weakness of the Law* {trad. no oficial: *La debilidad de la ley*} (Carlisle, Cumbria, Reino Unido: Paternoster Press, 2000), pp. 44-46, donde se analiza a John G. Reisinger (defensor de la TNP) en el contexto del antinomianismo doctrinal; Richard C. Barcellos, «The Death of the Decalogue» {trad. no oficial: «La muerte del Decálogo»}, revista *Tabletalk* {trad. no oficial: *Conversación de sobremesa*}, septiembre de 2002, que es un breve análisis del antinomianismo doctrinal de la TNP; Richard C. Barcellos, «John Owen and New Covenant Theology» {trad. no oficial: «John Owen y la Teología del Nuevo Pacto»}, en *Reformed Baptist Theological Review* {trad. no oficial: *Revista teológica bautista reformada*}, I:2 (julio de 2004), pp. 43-44; véase también Ian McNaughton, «Antinomianism in Historical Perspective» {trad. no oficial: «El antinomianismo desde la perspectiva histórica»}; y James M. Renihan, «Caterpillars and Butterflies» {trad. no oficial: «Orugas y mariposas»}, en la revista *Reformation Today* {trad. no oficial: *La Reforma hoy*}, septiembre-octubre de 2003, n.º 195, pp. 9-16, 23-26.

[3] Nota de los traductores: *el epítome* —Es decir, el resumen o compendio.

suficientes tanto para confirmarnos en la verdad como para exponer el error. Formularemos tres preguntas y luego las responderemos:

- ¿De qué ley habla el versículo 33?
- ¿Qué significa que esa ley sea escrita sobre el corazón?
- ¿Por qué la ley es escrita sobre el corazón?

¿De qué ley habla el versículo 33?[4]

La clave para contestar esta pregunta se encuentra en el contraste y el paralelismo entre el Antiguo y el Nuevo Pacto que se exponen en estos versículos (comp. el v. 32 con el v. 33a: «no como el pacto que hice con sus padres [...]; porque este es el pacto que haré...»). Es evidente que en estos versículos hay un contraste entre el Antiguo y el Nuevo Pacto; pero ese mismo contraste presupone e implica un paralelismo.

Permítanme exponer el contraste con claridad. El Antiguo Pacto fue roto porque Dios escribió Su ley en piedra y no sobre todos los corazones de Su pueblo; mas el Nuevo Pacto no sería roto porque Dios escribiría Su ley sobre los corazones de todo Su pueblo del pacto. El claro contraste aquí es *dónde* fue escrita la ley. En el Antiguo Pacto fue escrita en las tablas de piedra; en el Nuevo, sería escrita sobre el corazón de carne.

Pero en este contraste hay claramente un paralelismo. En los dos pactos Dios escribe Su ley. El contraste claramente presupone e implica el paralelismo. Sin embargo, el contraste en cuanto a *dónde*

---

[4] Para encontrar tratamientos similares de este crucial versículo, véanse Richard C. Barcellos, *In Defense of the Decalogue: A Critique of New Covenant Theology* {trad. no oficial: *En defensa del Decálogo: Una crítica a la Teología del Nuevo Pacto*} (Enumclaw, WA: WinePress Publishing), pp. 16-22; y Fred A. Malone, *The Baptism of Disciples Alone: A Covenantal Argument for Credobaptism Versus Paedobaptism* {trad. no oficial: *El bautismo de discípulos solamente: Un argumento de la Teología del Pacto a favor del credobautismo y en contra del paidobautismo*} (Cape Coral, Florida: Founders Press, 2003), pp. 92-93.

es escrita la ley presupone que la ley en cuestión sigue teniendo un lugar vital en el Nuevo Pacto de Dios.

A la luz de este claro paralelismo podemos volver a nuestra pregunta con una mejor comprensión de su respuesta. ¿De qué ley habla el versículo 33? Dos cosas identifican claramente esta ley.

En primer lugar, esta es la ley escrita por Dios mismo, y con Su propio dedo. Esto queda claro en el versículo 33: «Pondré mi ley dentro de ellos, y sobre sus corazones la escribiré…»; pero la única ley que fue escrita así fue la ley moral de Dios resumida en los Diez Mandamientos. Son los Diez Mandamientos, y solo esos Diez Mandamientos, los que fueron escritos por Dios mismo y con Su propio dedo:

> Y el SEÑOR dijo a Moisés: Sube hasta mí, al monte, y espera allí, y te daré las tablas de piedra con la ley y los mandamientos que he escrito para instrucción de ellos. (Éxo. 24:12)

> Y cuando terminó de hablar con Moisés sobre el monte Sinaí, le dio las dos tablas del testimonio, tablas de piedra, escritas por el dedo de Dios. (Éxo. 31:18)

> Y las tablas eran obra de Dios, y la escritura era escritura de Dios grabada sobre las tablas. (Éxo. 32:16)

> Y el SEÑOR dijo a Moisés: Lábrate dos tablas de piedra como las anteriores, y yo escribiré sobre las tablas las palabras que estaban en las primeras tablas que tú quebraste. (Éxo. 34:1)

> En aquel tiempo el SEÑOR me dijo: «Lábrate dos tablas de piedra como las anteriores, y sube a mí al monte, y hazte un arca de madera. Y yo escribiré sobre las tablas las palabras que estaban sobre las primeras tablas que quebraste, y las pondrás en el arca». (Deu. 10:1-2)

> Y Él escribió sobre las tablas, conforme a la escritura anterior, los diez mandamientos que el SEÑOR os había hablado en el monte de en medio del fuego el día de la asamblea; y el SEÑOR me las dio. (Deu. 10:4)

Otros aspectos de la ley del Antiguo Pacto (el aspecto judicial y el ceremonial) no fueron escritos por Dios mismo, sino por Moisés:

«Y Moisés escribió todas las palabras del SEÑOR...» (Éxo. 24:4; véase también 34:10-27).

En segundo lugar, es la ley escrita en piedra la que se vuelve a escribir en el Nuevo Pacto sobre el corazón de todos los participantes del pacto.[5] El énfasis en dónde es escrita la ley de Dios en Jeremías 31:33 sugiere claramente este argumento. Así lo confirman las referencias que hace el apóstol Pablo a este versículo en 2 Corintios 3:1-8. Aquí Pablo usa exactamente las mismas palabras para hablar de las tablas de piedra, véase la Septuaginta (la traducción griega de las Escrituras hebreas [LXX]) en Éxodo 31:18 y 34:4. La ley judicial de Israel no fue escrita en piedra, sino en un libro (Éxo. 24:3-4, 7; contraste estos versículos con el v. 12). La ley ceremonial de Israel tampoco fue escrita sobre el corazón. Solo la ley moral (en forma de epítome y según se resume en los Diez Mandamientos) fue escrita en piedra.

Conclusión

La ley de la que se habla en Jeremías 31:33 es obvia y claramente la ley moral resumida en los Diez Mandamientos, y no la ley judicial ni la ceremonial. Esta es la ley que fue escrita en piedra; por lo tanto, es la misma ley que es escrita sobre los corazones de todos los creyentes del Nuevo Pacto. Esta es la única ley que ha sido escrita por el propio dedo de Dios en las tablas de piedra. Así que solo esta debe ser la ley que es escrita sobre los corazones de los creyentes bajo el Nuevo Pacto. Otro argumento que confirma aún más la identidad de esta Ley es el que encontramos en Romanos 2:14-15. Hay una alusión a Éxodo 20 y Jeremías 31 en la frase: «la obra de la ley escrita en sus corazones» (Rom. 2:15). Según este pasaje, la

---

[5] Véase Salmos 37:31 e Isaías 51:7 para encontrar pruebas de que la ley estaba sobre el corazón de al menos *algunos* ciudadanos del Antiguo Pacto. Lo que promete el Nuevo Pacto es la ley escrita sobre los corazones de *todos* sus ciudadanos.

sustancia de la ley escrita en piedra en el Antiguo Pacto y reescrita en el corazón en el Nuevo Pacto es la que al principio de la Creación fue escrita en el corazón y la conciencia de Adán.[6] Donde no se pervierta y se restrinja, se expresa todavía en la conciencia de cada hijo(a) de Adán.

Antes de continuar, hay un asunto que no podemos dejar de tratar. La clave para entender la afirmación de Jeremías 31:33 y, de hecho, una de las claves para comprender toda la doctrina bíblica de la ley de Dios es la distinción declarada en la 2CFL. Tal distinción se encuentra en un lenguaje casi idéntico tanto en la Confesión presbiteriana (*La Confesión de Fe de Westminster*) como en las versiones bautistas de dicha Confesión. Los párrafos 2-5 del capítulo 19 establecen esta importante distinción con las siguientes palabras:

19.2 La misma ley que fue escrita por primera vez en el corazón del hombre continuó siendo una regla perfecta de justicia después de la Caída; y fue dada por Dios en el monte Sinaí, en Diez Mandamientos, y escrita en dos tablas {de piedra}; los cuatro primeros {mandamientos} que contienen nuestro deber para con Dios, y los otros seis {que contienen} nuestro deber hacia el hombre.

19.3 Además de esta ley, comúnmente llamada {ley} moral, agradó a Dios dar al pueblo de Israel leyes ceremoniales que contenían varias ordenanzas tipológicas; en parte sobre la adoración prefigurando a Cristo, Sus virtudes[7], acciones, padecimientos y beneficios; y en parte declarando diversas instrucciones sobre

---

[6] La TNP niega estos puntos cruciales. Véase el apéndice escrito por Richard C. Barcellos, una crítica del libro *New Covenant Theology* {trad. no oficial: *La Teología del Nuevo Pacto*}, para encontrar un análisis más profundo; y también Richard C. Barcellos «John Owen and New Covenant Theology», en *RBTR* {*Revista de Teología bautista reformada*} I:2 (julio de 2004), pp. 24-30 para comprobar que Witsius, Owen, Turretin y Boston hacían referencia a Jeremías 31:33 en contextos en los que argumentaban a favor de la perpetuidad de todo el Decálogo bajo el Nuevo Pacto. Esto demuestra que nuestra exegesis de este texto no es una novedad en la historia de la interpretación reformada.

[7] Nota de los traductores: *virtudes* —Lit., *gracias*.

deberes morales; leyes ceremoniales todas estas que, al haber sido establecidas solo hasta el tiempo de reformar las cosas, han sido[8] abrogadas y quitadas por Jesucristo, el verdadero Mesías y único Legislador, quien fue investido con poder del Padre para ese fin.

19.4 Dios también dio a los israelitas varias leyes judiciales, las cuales caducaron junto con el Estado de aquel pueblo, no siendo ahora obligatorias para nadie en virtud de aquella institución; siendo solo su equidad general de utilidad moral.

19.5 La ley moral obliga para siempre a todos, tanto a los justificados como a los demás, a que se la obedezca, y no solo en lo referente a la materia contenida en esta, sino también en lo que se refiere a la autoridad de Dios el Creador, quien la dio. Tampoco Cristo, en el evangelio, cancela de ninguna manera esta obligación, sino que la refuerza mucho.

Muchos en nuestros días niegan esta distinción. Tanto el dispensacionalismo como algunos teólogos que profesan ser reformados quieren que pensemos que ningún israelita podría haber visto la diferencia entre las leyes morales, por un lado, y las leyes ceremoniales-judiciales, por el otro. Ahora bien, por supuesto, es cierto que la ley de Moisés no tenía un código de colores en su edición original donde estaban resaltadas en azul las leyes morales, en amarillo las ceremoniales, y en verde las judiciales. No obstante, como hemos visto, Dios dejó claro de otras maneras que había una gran diferencia entre la ley moral, resumida en los Diez Mandamientos, y el resto de la ley de Israel. Pasajes como los citados anteriormente, y muchos otros, dejan claro que los israelitas piadosos podían distinguir lo moral de lo ceremonial en la ley de Israel. Una gran salvaguarda contra las posturas extremistas y desequilibradas sobre la ley de Dios, que abundan por doquier en nuestros días, es una sólida comprensión de la distinción bíblica y confesional que existe entre las leyes morales, judiciales y ceremoniales. Solo cuando, entendiendo la Constitución de la Iglesia de Cristo, nos demos cuenta de que también nosotros

---

[8] Nota de los traductores: *han sido* —Lit., *están*.

debemos guiarnos por lo que era moral en la ley de Moisés, especialmente en los Diez Mandamientos, tendremos una guía completa y no mutilada para la vida y la Iglesia cristianas.

¿Qué significa que esa ley sea escrita sobre el corazón?

La clave para entender este concepto está en el significado bíblico de *corazón*. Este es un tema amplio e importante. Dos puntos importantes acerca del corazón serán útiles para nuestros propósitos en este punto.

En primer lugar, el corazón es la sede y el centro de nuestras convicciones y afectos. Proverbios 4:23 dice: «Con toda diligencia guarda tu corazón, porque de él brotan los manantiales de la vida» (véanse Deu. 6:4-7; Pro. 27:19; Mat. 15:18-19; Rom. 5:5; 9:2; 10:9-10).

En segundo lugar, como tal, el corazón es la fuente y el manantial de nuestras palabras y acciones (Pro. 4:21-23; Mat. 15:18-19; Luc. 6:44-45). El corazón controla nuestras palabras y acciones y se manifiesta inevitablemente en estas.

Conclusiones

¿Qué es, entonces, tener la ley escrita sobre nuestro corazón? Es tener la ley de Dios instalada en nosotros como el poder gobernante de nuestras convicciones, afectos, palabras y acciones. Por tanto, es estar convencidos de la santidad y autoridad de esa ley, hallar deleite en su justicia y bondad, y ser controlados por su sabiduría e instrucción. Eso, y nada menos que eso, es tener la ley de Dios escrita sobre nuestro corazón.

Consideremos el ejemplo de un padre que tiene la responsabilidad de ensamblar una bicicleta. Si él está verdaderamente convencido de que necesita las palabras, diagramas e ilustraciones del manual de instrucciones, ¿qué hará? No intentará ensamblar la bicicleta sin consultar ese manual. Tendrá la convicción de que lo necesita. Estará agradecido cuando encuentre el manual de instrucciones en la caja y este lo guíe en el ensamblaje de la bicicleta. Seguirá cuidadosamente sus instrucciones mientras avanza en la tarea. Lo mismo sucede con el hombre en cuyo corazón está escrita la ley de Dios:

> «Además, os daré un corazón nuevo y pondré un espíritu nuevo dentro de vosotros; quitaré de vuestra carne el corazón de piedra y os daré un corazón de carne. Pondré dentro de vosotros mi espíritu y haré que andéis en mis estatutos, y que cumpláis cuidadosamente mis ordenanzas». (Eze. 36:26-27)[9]

¿Por qué la ley es escrita sobre el corazón?

¿Por qué la escritura de la ley sobre el corazón es el primer acto de Dios que se menciona en el registro del Nuevo Pacto? La respuesta a esta pregunta está contenida en el propio versículo 33:

> porque este es el pacto que haré con la casa de Israel después de aquellos días —declara el SEÑOR—. Pondré mi ley dentro de ellos, y sobre sus corazones la escribiré; y yo seré su Dios y ellos serán mi pueblo. (Jer. 31:33)

En primer lugar, noten la frase que precede el versículo. Después de mencionar la ruptura del Antiguo Pacto (v. 32: «mi pacto que ellos rompieron»), Jehová vuelve a hablar del Nuevo Pacto diciendo: «porque este es el pacto [...]. Pondré...». No hay pacto con Dios si Su ley no está escrita en el corazón. El pacto es, ante todo, la escritura de la Ley en el corazón. No hay participación del Nuevo Pacto si la ley no está escrita sobre el corazón. No hay conocimiento de Dios ni perdón de los pecados donde no hay ley escrita sobre el corazón (v. 34).

---

[9] Nótese que la promesa del Nuevo Pacto incluye la santificación y la obediencia de todos sus beneficiarios. Por tanto, es imposible que ellos apostaten (Jer. 32:40).

En segundo lugar, observen la siguiente frase: «y yo seré su Dios» (v. 33). Presten mucha atención a la conjunción «y». Esta es la promesa esencial de todos los tratos pactuales de Dios que encontramos en desarrollo en la Biblia. Es la promesa hecha a Abraham (Gén. 17:8); es la promesa que llega a feliz cumplimiento en el estado eterno. A los hijos de Dios se les dice: «yo seré su Dios» (Apo. 21:7). El punto crítico es que la ley de Dios debe estar escrita sobre el corazón para que sea nuestra esta promesa fundamental con la que tenemos todo incluido. Si Su ley no se escribe sobre nuestros corazones, Dios no es nuestro Dios, y nosotros no somos Su pueblo.

Implicaciones prácticas

La *primera* y primordial implicación práctica que debe deducirse de todo esto que se ha dicho es *el engaño y el peligro de divorciar la ley y la gracia*. La ley y la gracia deben distinguirse, pero nunca divorciarse.

No pocos en la historia de la Iglesia han sido culpables de divorciar la ley y la gracia y ponerlas en conflicto, pero en el último siglo y medio en el Reino Unido y en los Estados Unidos mucha de esta culpa debe atribuirse al dispensacionalismo clásico. La separación entre la ley y la gracia es una conclusión necesaria y muy lógica de ese sistema. Como advertimos en el capítulo 1, ellos dividen a Israel y la Iglesia y desunen el Antiguo y el Nuevo Testamento. Por tanto, no es de extrañar que muchos dispensacionalistas clásicos divorcien la ley y la gracia.

Esta es una acusación muy seria, así que permítanme sustentarla. Mateo 6:12 contiene la petición de «La oración del Señor» que dice: «Y perdónanos nuestras deudas, como también nosotros hemos perdonado a nuestros deudores». He aquí el comentario de la antigua {título oficial} *Biblia de Referencia Scofield*:

Esto es territorio de la ley (compárese con Efe. 4:32, que es la gracia). Bajo la ley, el perdón tiene como condición que en nosotros haya también un espíritu perdonador; bajo la gracia somos perdonados por causa de Cristo y se nos exhorta a perdonar porque ya hemos sido perdonados.[10]

Este divorcio entre la ley y la gracia es un ataque frontal a la Constitución misma de la Iglesia de Cristo. Como hemos visto, los propios términos del Nuevo Pacto requieren la implantación de la ley divina. La primera y crucial operación de la gracia que se menciona en el relato del Nuevo Pacto en Jeremías 31 es que la ley de Dios sea escrita sobre el corazón. Sin esto, ni hay ni puede haber gracia. 1 Corintios 7:19 nos da la versión de Pablo de la misma verdad: «Para nada cuenta estar o no estar circuncidado; *lo que importa es* cumplir los mandatos de Dios» {NVI}.

El divorcio de la ley y la gracia es un ataque frontal a los términos mismos del Nuevo Pacto. A la luz de esto, es muy apropiado que consideremos algunas advertencias prácticas.

Cuidado con divorciar la ley y la gracia en la conversión

Se pervierte la gracia cuando se contrapone o se presenta como algo contrario de la obediencia a los mandamientos. La fe descansa en Cristo y obra por amor al mismo tiempo. Aunque la fe no justifica por su obediencia a la ley de Dios, es un tipo de obediencia y conduce a la obediencia (Rom. 1:5; Gál. 5:6). Cuando se enseña que los hombres pueden ser salvos sin confesar {su pecado} y sin someterse a Jesucristo como Señor, esto es un peligroso divorcio entre la ley y la gracia en la conversión. Es triste decirlo, pero semejante enseñanza es muy común en muchos evangélicos.

---

[10] *The Scofield Reference Bible* (Nueva York: Oxford University Press, 1917), pp. 1002-1003. Nota de los traductores: Para traducir al español todos los fragmentos tomados de esta fuente nos guiamos por la edición en inglés citada por el autor.

Refiriéndose a la conversación entre Jesús y la mujer que estaba junto al pozo, uno de estos evangélicos comenta:

> Se debe enfatizar que aquí no hay llamado alguno a rendirse, a someterse, a reconocer el señorío de Cristo, ni nada por el estilo. Se está ofreciendo un regalo a alguien totalmente indigno del favor de Dios. Y para recibirlo, a la mujer no se le exigió hacer ningún tipo de compromiso espiritual. Ella simplemente fue invitada a pedir.[11]

Con la prevalencia de semejante enseñanza, no es de extrañar que oigamos una y otra vez en los testimonios de las reuniones evangélicas: —*Primero recibí a Jesús como mi Salvador, y varios años después lo recibí como mi Señor.* Los que así piensan han divorciado la gracia y la fe de toda relación con la sumisión práctica a las leyes de Cristo, el Señor. Incluso les dirán que insistir en dicha sumisión para salvación es legalismo y aun herejía. Semejante enseñanza tuerce las Escrituras y convierte la gracia de Dios en licencia para pecar. Esto es claramente antinomianismo.

Cuidado con divorciar la ley y la gracia en las regulaciones de tu vida

Esto sucede cuando los hombres se niegan a gobernar sus vidas por medio de cualquier cosa que provenga de la ley en el Antiguo Testamento. Este rechazo se justifica a menudo por una comprensión falaz de la afirmación de Pablo de que no estamos bajo la ley sino bajo la gracia (Rom. 6:14). Semejante divorcio de la ley y la gracia manifiesta ignorancia de dos distinciones vitales y básicas del evangelio. *En primer lugar,* no estamos bajo la ley como forma de justificación, sino como una regla de vida (Rom. 10:4). *En segundo lugar,* no estamos bajo la ley ceremonial ni judicial como una regla de vida, sino solamente bajo la ley moral (Jer. 31:33; Rom. 13:8-10; Efe. 6:1-4; Stg. 2:8-11).

---

[11] Zane Hodges, *The Gospel Under Siege* {título oficial: *El Evangelio Bajo Sitio*} (Dallas: Redención Viva, 1981), p. 14.

Lo trágico del descuido de la ley moral tal como ha sido revelada en el Antiguo Testamento y en los Evangelios es que la mayor parte de la enseñanza bíblica sobre la conducta correcta se fundamenta en estos pasajes de la Biblia. No es de extrañar que la vida de tantos cristianos manifieste tanta insensatez, pecado y miseria cuando los maestros modernos han mutilado tanto el manual de instrucciones de Dios para la vida cristiana.

Cuidado con divorciar la ley y la gracia en la motivación de la vida cristiana

La gente a veces dice: —*Quiero ser motivado por la gracia y no por la ley.* Por tanto, piensan que el deber y el guardar los mandamientos son algo carnal y legalista. Creen que la única razón digna para hacer la voluntad de Dios es porque quieren hacerla o porque sienten deseos de hacerla. Quieren ser motivados por el amor, no por la ley.

Hay tanto error en esta manera de pensar que es difícil saber por dónde debemos empezar. Ciertamente una cosa que está mal con este pensamiento es que divorcia la ley y la gracia, el deber y el amor, la obligación y el deseo. Estas cosas son amigas, no enemigas. Aunque la ley de Dios esté escrita sobre nuestro corazón, sigue siendo ley (/torá/ —es decir, *instrucción autoritativa*). Las palabras de la sabiduría de Dios tienen este propósito: «El sabio de corazón aceptará mandatos…»;[12] «[e]l que guarda el mandamiento guarda su alma…».[13]

Algunos piensan que es impío, carnal y legalista obedecer a Dios simplemente porque Él dijo que debemos obedecerlo y porque es nuestro deber; pero es exactamente lo contrario. Romanos 8:7 dice que son los designios de la carne los que no se sujetan a la ley de Dios. El hecho es que el que obedece solamente porque quiere

---

[12] Nota de los traductores: Proverbios 10:8.
[13] Nota de los traductores: Proverbios 19:16.

hacerlo, puede no estar obedeciendo verdaderamente a Dios en lo absoluto, sino que puede estar simplemente obedeciendo sus propios deseos. La próxima vez que venga Satanás y te diga: —*Lo estás haciendo solo porque es tu obligación*, respóndele: —*¡Así es! Y amo a Dios y a mi prójimo lo suficiente como para hacer lo que sé que debo hacer aunque a veces no tenga el deseo de hacerlo.*

Cuidado con divorciar la ley y la gracia al tratar con la realidad del pecado

La mentalidad aquí es algo así: —*Yo no quiero vivir según la ley sino según la gracia. Así que, cuando la ley revele mi pecado, la ignoraré y solo pensaré en la gracia de Dios. Dar paso a la convicción de pecado es legalismo.* Aunque no lo digamos ni lo pensemos, a veces respondemos así a la obra de la ley. Pero esto es un error. El corazón sobre el cual la ley de Dios ha sido escrita debe dolerse ante la transgresión de esa ley y no descansará hasta confesar el pecado. Por eso la experiencia de la continua confesión de los pecados, a lo cual somos llamados en 1 Juan 1:9, es la experiencia de todo creyente. Si esta no es tu experiencia, tienes motivos para cuestionarte si la ley de Dios ha sido escrita alguna vez sobre tu corazón.

Una *segunda* implicación práctica que debemos deducir de todo lo que se ha dicho se nos presenta a manera de advertencia: *Cuidado con exaltar la ley por encima de la gracia.* Como hemos declarado anteriormente, la ley y la gracia deben ser distinguidas, pero la ley nunca debe ser puesta por encima de la gracia; van de la mano; se complementan mutuamente en la vida cristiana. La ley dirige, pero la gracia da el poder y el impulso al alma para guardar la ley. Hay algunas tendencias que suelen acompañar a quienes exaltan la ley a expensas de la gracia; de tales tendencias debemos tomar nota, y debemos evitarlas.

Evite conformarse con una obediencia sin corazón

Una tendencia dañina entre algunos cristianos reformados es conformarse con una obediencia únicamente externa. Esta distorsión de la santificación bíblica a menudo se conforma con un enfoque frío y sin corazón de cómo vivir la vida cristiana. Se promueve lo externo a expensas del estado interno del alma. Evite a toda costa conformarse con una obediencia sin corazón. Eso no adorna el evangelio; más bien envía un mensaje equivocado a los perdidos y no complace a Dios. Suele producirse cuando el conocimiento no se asimila en el alma ni se pone en práctica en la vida de una manera apropiada. También se produce cuando el alma pierde el sentido de la constante necesidad de la gracia de Cristo Jesús para vivir *diariamente*. Las almas perdidas no son las únicas que ciertamente necesitan a Jesús; ¡las que han sido salvadas también lo necesitan! Recuerden las palabras de Pablo en 2 Corintios 3:18: «Pero nosotros todos, con el rostro descubierto, contemplando como en un espejo la gloria del Señor, estamos siendo transformados en la misma imagen de gloria en gloria, como por el Señor, el Espíritu». Mantenga a Cristo como el centro de su vida diaria, y verá como su alma no seguirá por mucho tiempo con una obediencia sin corazón.

Evite imponerse a sí mismo o a los demás más leyes que las que Dios tiene

Esta es otra tendencia dañina de aquellos que han exaltado la ley por encima de la gracia. Debemos defender y aprobar toda la ley que Dios dé a Sus hijos. Sin embargo, no debemos caer en la trampa de imponernos a nosotros mismos o a los demás más leyes que las que Dios tiene para nosotros. Esta tendencia, que a menudo proviene de buenas intenciones, en realidad hace más daño que bien. Ata las conciencias donde Dios no las ata. A menudo produce orgullo y un espíritu de falsa humildad. También produce falsa culpabilidad. Los que caen en esta manera de pensar a menudo confunden la ley de Dios con cosas indiferentes. A veces se debe a las presiones de las normas culturales y sus expectativas, las preferencias personales, las argumentaciones resbaladizas, o las largas cadenas de inferencias lógicas extraídas de versículos que no hablan del tema al que se están aplicando. Por dondequiera que se lo mire, esto es una receta para el desastre; no honra a Dios, nos hace sentir orgullosos; y Dios resiste a los soberbios[14].

Evite confundir la ley con el evangelio

Quienes caen en la trampa de exaltar la ley por encima de la gracia suelen caer en otro error muy serio: confundir la ley con el evangelio. Esto pasa cuando los cristianos comienzan a vivir como si su obediencia a la ley de Dios fuera el fundamento de su aceptación ante Dios. Esto, en efecto, convierte la ley en otro evangelio, y en la práctica se convierte en un repudio de la obra de Cristo. Deshonra a Cristo, es una negación práctica de la justificación por medio de la fe sola en Cristo solo, atrofia el alma y destruye la seguridad {de la salvación}. En nuestro celo por defender la ley de Dios nunca debemos permitir que nuestra obediencia a esta se convierta en nuestra base para una aceptación inicial o posterior ante Dios. El Señor nos acepta en Su amado Hijo basándose en lo que Él hizo en nuestro lugar y no en lo que nosotros hagamos por Él.

Si la ley de Dios ha sido escrita sobre nuestro corazón, seremos humildes; caminaremos de una manera que equilibre correctamente la ley y la gracia. Y cuando no lo hagamos, acudiremos al Dios de la ley y de toda gracia para hallar perdón para la ayuda oportuna[15].

---

[14] Nota de los traductores: Véanse Proverbios 3:34; Santiago 4:6; 1 Pedro 5:5.

[15] Nota de los traductores: Hebreos 4:16.

CAPÍTULO 3

El Nuevo Pacto como la Constitución de la Iglesia versus el arminianismo

Hemos comparado los pactos divinos con las Constituciones de las naciones; sin embargo, al menos en un aspecto son muy diferentes. En el caso de las Constituciones humanas, la nación ya existe y por su accionar crea su propia Constitución. Por ejemplo, en 1987 se celebró el bicentenario de cómo las primeras 13 colonias de Inglaterra en América del Norte crearon la Constitución de los Estados Unidos de América. Por supuesto, hay un sentido en el que, incluso con una Constitución humana, las 13 colonias crearon una nueva nación por su accionar.

En el caso del Nuevo Pacto, {también} es cierto que crea la {misma} nación que regula. Esto queda claro por los propios términos de este pacto, como se establece en Jeremías 31:31-34; a saber, que es Dios quien, al haber hecho este pacto, trae el Nuevo Israel de Dios a la existencia.

El punto que está siendo tratado al hablar del origen, la edificación o la fuente de {la que brota} la Iglesia es que Dios, usando el Nuevo Pacto como instrumento, es el único y soberano Edificador, Originador y Autor de la Iglesia en su conjunto, y de cada uno de sus miembros. Tres asuntos claramente enseñados en la Biblia y sugeridos en el pasaje en cuestión (Jer. 31:31-34) patentizan este hecho. Estos tres puntos darán forma al esquema de este capítulo; a saber:

- La determinación soberana detrás del Nuevo Pacto
- El carácter inquebrantable del Nuevo Pacto
- La garantía de mediación que asegura el Nuevo Pacto

La determinación soberana detrás del Nuevo Pacto

Una simple lectura de los versículos 31-34 de Jeremías 31 da una tremenda impresión de la soberana resolución de Jehová al hacer el Nuevo Pacto. Pero ese elemento del propósito soberano y de la determinación inalterable se apreciará aún mejor si lo vemos a la luz del contraste que nuestro pasaje sugiere; o sea, el contraste entre el Antiguo y el Nuevo Pacto. En Éxodo 19:4-6 se establecen los términos del Antiguo Pacto:

> «Vosotros habéis visto lo que he hecho a los egipcios, y cómo os he tomado sobre alas de águilas y os he traído a mí. Ahora pues, si en verdad escucháis mi voz y guardáis mi pacto, seréis mi especial tesoro entre todos los pueblos, porque mía es toda la tierra; y vosotros seréis para mí un reino de sacerdotes y una nación santa». Estas son las palabras que dirás a los hijos de Israel.

Con estas palabras resonando en nuestras mentes, tomemos nota del contraste con Jeremías 31. En un llamativo contraste con Éxodo 19:4-6, no existen «si» condicionales ni «quizá» en los cuatro versículos de Jeremías 31:31-34; donde, por el contrario, Jehová se refiere 10 veces a acciones que Él hará o resultados que obtendrá en Su pueblo.

Estos versículos resuenan con el tono de la certeza divina y la determinación soberana. Este tono no baja, sino que es reforzado por los versículos que siguen inmediatamente al pasaje:

> Así dice el SEÑOR, el que da el sol para luz del día, y las leyes de la luna y de las estrellas para luz de la noche, el que agita el mar para

que bramen sus olas; el SEÑOR de los ejércitos es su nombre: Si se apartan estas leyes de mi presencia —declara el SEÑOR— también la descendencia de Israel dejará de ser nación en mi presencia para siempre. Así dice el SEÑOR: Si los cielos arriba pueden medirse, y explorarse abajo los cimientos de la tierra, también yo desecharé toda la descendencia de Israel por todo lo que hicieron —declara el SEÑOR. (Jer. 31:35-37)

Jehová hace este Pacto con una determinación soberana respaldada por los todopoderosos e infinitos recursos de Su propio Ser. Él está determinado de todo corazón y absolutamente a que este Pacto tenga como resultado la salvación de Su pueblo. Esto se refuerza aún más por Jeremías 32:40-41. Volveremos a ese pasaje otra vez porque complementa la profecía de Jeremías 31 con respecto al Nuevo Pacto. Pero, por ahora, observen cómo estos versículos dan conclusión a esta profecía adicional en relación con el Nuevo Pacto. Dice Jehová:

> Haré con ellos un pacto eterno, por el que no me apartaré de ellos, para hacerles bien, e infundiré mi temor en sus corazones para que no se aparten de mí. Me regocijaré en ellos haciéndoles bien, y ciertamente los plantaré en esta tierra, con todo mi corazón y con toda mi alma. (Jer. 32:40-41)[1]

El carácter inquebrantable del Nuevo Pacto

Es evidente que el Nuevo Pacto no es como el Antiguo, y el punto donde se manifiesta más visiblemente la diferencia es que el Antiguo Pacto podía romperse, y lo rompieron (Deu. 29:25-28; Sal. 78:10, 11; Jer. 11:9, 10; 22:6-9; 34:13, 14; Eze. 44:6-8). Pongan atención a los versículos 31 y 32 de Jeremías 31:

> He aquí, vienen días —declara el SEÑOR— en que haré con la casa de Israel y con la casa de Judá un nuevo pacto, no como el pacto que hice con sus padres el día que los tomé de la mano para sacarlos

---

[1] Como se señaló anteriormente, los términos del Nuevo Pacto hacen que la apostasía en este sea una imposibilidad.

de la tierra de Egipto, mi pacto que ellos rompieron, aunque fui un esposo para ellos —declara el SEÑOR. (Jer. 31:31-32)

El Antiguo Pacto no aseguraba que aquellos con quienes fue hecho recibirían finalmente la bendición que el mismo pacto prometía. La ley escrita en piedra podía ser transgredida, y fue transgredida. El Antiguo Pacto fue roto por primera vez con el pecado tocante al becerro de oro. Fue roto por la primera generación con la que fue hecho el pacto en Cades-barnea. Toda aquella primera generación de israelitas con quienes el pacto fue hecho no logró alcanzar sus bendiciones, con la minúscula excepción de Josué y Caleb.

Sin embargo, en un notable contraste con una ley escrita en piedra, la escritura de la ley sobre el corazón asegura la obediencia al pacto y la segura obtención de sus bendiciones:

> porque este es el pacto que haré con la casa de Israel después de aquellos días —declara el SEÑOR—. Pondré mi ley dentro de ellos, y sobre sus corazones la escribiré; y yo seré su Dios y ellos serán mi pueblo. Y no tendrán que enseñar más cada uno a su prójimo y cada cual a su hermano, diciendo: «Conoce al SEÑOR», porque todos me conocerán, desde el más pequeño de ellos hasta el más grande —declara el SEÑOR— pues perdonaré su maldad, y no recordaré más su pecado. (Jer. 31:33-34)

Noten como esto hace eco repetidamente en pasajes paralelos:

> Haré con ellos un pacto eterno, por el que no me apartaré de ellos, para hacerles bien, e infundiré mi temor en sus corazones para que no se aparten de mí. (Jer. 32:40)

Pero ahora Él ha obtenido un ministerio tanto mejor, por cuanto es también el mediador de un mejor pacto, establecido sobre mejores promesas. Pues si aquel primer pacto hubiera sido sin defecto, no se hubiera buscado lugar para el segundo. Porque reprochándolos, Él dice:

> MIRAD QUE VIENEN DÍAS, DICE EL SEÑOR,
> EN QUE ESTABLECERÉ UN NUEVO PACTO
> CON LA CASA DE ISRAEL Y CON LA CASA DE JUDÁ. (Heb. 8:6-8)

Observen el indicio en Hebreos 8:8 de que el problema del primer pacto fue realmente, y en última instancia, un problema del pueblo con el que fue hecho. El Antiguo Pacto no aseguraba la obediencia al pacto por parte de aquellos con quienes fue hecho. Este fue su defecto. Su defecto fue simplemente que no capacitaba a aquellos con quienes fue hecho el pacto para que cumplieran con sus condiciones.

El propósito de Jehová expresado en el Nuevo Pacto no puede ser frustrado; es una determinación soberana. El Nuevo Pacto no puede romperse; es de un carácter inquebrantable. ¿Significa entonces que es incondicional? Quizá sí, según se defina *incondicional*. Hay un «si» condicional en Éxodo 19, pero no lo hay en Jeremías 31. Sin embargo, si describimos el Nuevo Pacto como incondicional, debemos tener mucho cuidado. El Nuevo Pacto no es incondicional si esto quiere decir que Jehová ha decidido no insistir más a Su pueblo para que lo tema y ame Su ley. Es evidente que esto es tan necesario bajo el Nuevo Pacto como lo fue bajo el Antiguo. Podría ser mejor decir que el Nuevo Pacto sigue siendo condicional, pero con una diferencia: En el Nuevo Pacto, Dios ha determinado desplegar de tal manera Su poder omnipotente en los corazones de Su pueblo del pacto que ellos ciertamente cumplirán las condiciones de Su pacto y serán el tipo de hombres que no lo rompen. El Nuevo Pacto suple todo lo que exige.

Pero queda una pregunta: ¿Cómo puede Dios simplemente poner a un lado las exigencias de Su propia justicia y hacer un Nuevo Pacto como este con la casa de Israel después de que sus pecados han traído sobre ellos la ardiente ira de Dios hasta el extremo? Aun entonces, en los días de Jeremías, la ira de Dios los derribó. ¿Cómo pueden las exigencias de la santidad y la justicia de Dios permitir que Él dé a los hombres bendiciones como las que han sido prometidas en el Nuevo Pacto? ¿Qué hay de sus pecados e iniquidades? ¿Qué hay de Su justicia y rectitud? Esta es la gran barrera entre los hombres y la salvación. Estas preguntas son contestadas bajo el siguiente tercer encabezado.

La garantía de mediación que asegura el Nuevo Pacto

Jeremías 31:34 promete claramente que Dios olvidará los pecados de Su pueblo y perdonará su maldad, pero no nos dice cómo un Dios santo puede hacerlo. Sin embargo, tan solo dos capítulos más adelante en Jeremías tenemos la semilla de una respuesta a este problema:

> «He aquí, vienen días» —declara el SEÑOR— «en que cumpliré la buena palabra que he hablado a la casa de Israel y a la casa de Judá. En aquellos días y en aquel tiempo haré brotar de David un Renuevo justo, y Él hará juicio y justicia en la tierra. En aquellos días estará a salvo Judá, y Jerusalén morará segura, y este es el nombre con el cual será llamada: el SEÑOR, justicia nuestra». (Jer. 33:14-16)

La respuesta del Libro de Hebreos es el fruto que fue plantado en forma de semilla en Jeremías. Brinda más información sobre cómo Cristo Jesús, siendo Sacerdote y sacrificio del Nuevo Pacto a la vez, asegura y consigue el establecimiento del Nuevo Pacto y la impartición de sus bendiciones al Israel de Dios. Presten atención especialmente a Hebreos 7:22, que dice: «por eso, Jesús ha venido a ser fiador de un mejor pacto». Como el Sacerdote y Rey según el orden de Melquisedec, Jesús es el Fiador o Garante de un mejor pacto. Este es el único lugar en el Nuevo Testamento donde aparece la palabra que es traducida «fiador». Según Moulton y Milligan: «[E]s común en documentos legales y de otros tipos»[2]. Significa un seguro o un garante. Se usaba incluso para sacar a alguien de la

---

[2] James Hope Moulton y George Milligan, *The Vocabulary of the Greek New Testament* {trad. no oficial: *El vocabulario del Nuevo Testamento en griego*} (Grand Rapids, Míchigan: Wm. B. Eerdmans Publisihing Company, septiembre de 1985), p. 179.

prisión. Así dice en un documento: «el padre da su consentimiento para el matrimonio y es fiador del pago de la dote mencionada». Otra declaración parecida es: «Yo retengo su fianza hasta que usted me pague el valor de lo que me debe». El uso de esta palabra en la Septuaginta confirma este significado común en el mundo del Nuevo Testamento. Proverbios 6:1 dice: «Hijo mío, si has salido fiador por tu prójimo, si has dado promesa a un extraño...»; y 17:18 dice: «El hombre falto de entendimiento se compromete, y sale fiador a favor de su prójimo».

El significado de esta palabra ya debería haber quedado claro. El equivalente legal moderno es lo que conocemos como *garante* para un préstamo. Supongamos que un joven ha encontrado su primer buen empleo. Ahora quiere comprarse su propio auto, pero cuando va al banco a pedir un préstamo descubre que no tiene un historial crediticio y el banco no le puede dar el dinero por adelantado. Pero llega su buen papá que tiene un buen crédito y se convierte en su fiador al firmar juntamente con su hijo el préstamo. Ahora bien, ¿qué hizo el papá? Exactamente lo mismo que el fiador o garante de Proverbios y Hebreos. Se comprometió a pagar la deuda si la otra persona incumplía con la responsabilidad.

Eso es exactamente lo que hizo Jesucristo. Por medio de Su sangre y Su justicia, Él pagó la deuda a la justicia y la ley de Dios que Su pueblo debía y no había pagado. Él no debía nada personalmente, pero con Su muerte pagó a la justicia de Dios y con Su vida pagó a la ley de Dios lo que Su pueblo debía. Debido a que esta deuda ya ha sido pagada, las bendiciones del Nuevo Pacto se hacen realidad.

De la misma manera en que ese reluciente auto nuevo que se exhibía en el patio de ventas, y que ese joven poseía solo en sueños, se hizo realidad en la entrada de su casa por la firma conjunta de su padre, también las bendiciones del Nuevo Pacto se hacen realidad para el pueblo de Dios por la fianza (la carga sustitutoria de la maldición) que efectuó Jesucristo. Todo esto se expone detalladamente en Hebreos 10:10-19. El sacrificio sacerdotal que Jesús ofreció de Sí mismo una vez para siempre cumple definitiva y eficazmente las exigencias de la ley de Dios y asegura el perdón de los pecados para todos los que son parte del pueblo de Dios bajo el Nuevo Pacto.

Lecciones finales

La veracidad de las doctrinas de la gracia y la falsedad del arminianismo

El arminianismo es el sistema que enseña que la libertad de la voluntad del hombre es soberana en la salvación. Los primeros arminianos resumieron su sistema en cinco puntos. La idea de tener un resumen de cinco puntos de un sistema doctrinal no empezó con el calvinismo.

Para que apreciemos la relevancia que tiene el Nuevo Pacto para tratar con el arminianismo, veamos cuáles son sus cinco puntos:

1. Dios ha escogido para salvación a aquellos que creen en Cristo y perseveran en obediencia a Él hasta el final.

2. Cristo murió por cada uno de los hombres, pero solo los que creen se benefician de Su muerte.

3. Para que los hombres crean en Cristo, Dios debe obrar por Su gracia en su corazón.

4. Aunque esta gracia es la fuente de todo bien en los hombres, aun así, ellos pueden resistir esta gracia y no ser salvos por ella.

5. Aunque Dios proveerá todo lo que los hombres necesitan para perseverar hasta el fin, no es seguro que, después de creer en Cristo para salvación, un hombre persevere hasta el fin y sea salvo finalmente.

La mayoría de los evangélicos sostienen casi todos —o todos— estos cinco puntos. Simplemente presuponen que en estos se resume el evangelio mismo. Sin embargo, según el Nuevo Pacto, ni uno solo de estos es verdad. Antes bien, las cinco doctrinas de la gracia (es decir, los cinco puntos del calvinismo) son la doctrina de la Biblia. Analicemos brevemente cada una de estas doctrinas.

La depravación total

Vemos la veracidad de la depravación total en el contraste con el Antiguo Pacto que se menciona en este pasaje. Lo que el Antiguo Pacto exigía era simplemente fe y obediencia. Dios había provisto todo lo que Israel podía haber necesitado por medio de incentivos externos para creer en Él y obedecer Sus leyes, pero Israel fracasó miserablemente. Sin embargo, Israel no era diferente de ningún otro pueblo; fueron simplemente la nación de prueba. La lección que el Nuevo Testamento deduce de la experiencia de Israel es que todos los hombres son totalmente depravados. Por ejemplo, Romanos 3:10-12 dice:

> … NO HAY JUSTO, NI AUN UNO;
> NO HAY QUIEN ENTIENDA,
> NO HAY QUIEN BUSQUE A DIOS;
> TODOS SE HAN DESVIADO, A UNA SE HICIERON INÚTILES;
> NO HAY QUIEN HAGA LO BUENO,
> NO HAY NI SIQUIERA UNO.

Cada facultad del alma humana está contaminada con el pecado. Todos los hombres son incapaces de hacer algo bueno en el sentido espiritual. Aun el arrepentimiento y la fe son imposibles debido a esta depravación e incapacidad total.

La elección incondicional

El pacto de Dios no se hace con una nación que haya demostrado ser digna de Su elección. Antes bien, Dios, con soberano e inmutable propósito, los ha escogido mediante el Nuevo Pacto para hacerlos dignos de Su elección. La idea arminiana de que Dios escoge a los hombres porque ve su fe de manera anticipada y que ellos lo escogieron a Él primero es absolutamente ajena al Nuevo Pacto. Muchos pasajes enseñan la elección eterna e incondicional (Hch. 13:48; Rom. 9:14-18; Efe. 1:4; 2 Tim. 1:9).

La expiación limitada

El punto donde el arminianismo ha atacado más ferozmente las doctrinas de la gracia es el que se refiere a la expiación obrada por Jesucristo. Los arminianos de todas las tendencias siempre han alegado que Cristo murió por los pecados de cada uno de los hombres. Esta alegación también es hallada falsa por nuestro estudio del Nuevo Pacto.

¿Por qué afirmamos que el Nuevo Pacto enseña la doctrina de la expiación limitada? El Nuevo Pacto es claramente el contexto o marco de la obra de Cristo. Su obra no tiene poder salvador divorciada del Nuevo Pacto. Si algo debe quedar claro en nuestros estudios sobre el Nuevo Pacto es que no hay salvación en ninguna otra Constitución o arreglo divino. Si los hombres van a ser salvos, serán salvos mediante el Nuevo Pacto.[3]

Hemos visto en las Escrituras que la cruz de Cristo Jesús es salvadora por su conexión con este pacto. Jesús, en Su oficio sacerdotal, es el «mediador de un nuevo pacto» (Heb. 8:6). La doctrina arminiana de la muerte de Cristo dice que hizo posible la salvación, pero no la asegura. Sin embargo, como Sacerdote y sacrificio a la vez, Jesús no hizo posible la salvación simplemente; ¡Él *garantiza* (Heb. 7:22) el Nuevo Pacto! Su sangre es descrita vez tras vez en el Nuevo Testamento como «la sangre del pacto». Esta frase

---

[3] Esto también es cierto con respecto a todos los que fueron salvos antes de la muerte de Cristo (Heb. 9:15; 10:1, 4).

se usa 7 veces; y 2 veces más aparece como «el [...] pacto en mi sangre». Hebreos 13:20-21 es un ejemplo representativo:

> Y el Dios de paz, que resucitó de entre los muertos a Jesús nuestro Señor, el gran Pastor de las ovejas mediante la sangre del pacto eterno, os haga aptos en toda obra buena para hacer su voluntad, obrando Él en nosotros lo que es agradable delante de Él mediante Jesucristo, a quien sea la gloria por los siglos de los siglos. Amén. (Heb 13:20-21).

La sangre de Jesucristo tiene valor redentor debido a su conexión con el Nuevo Pacto, y es solamente en el contexto de Su sangre que puede decirse que hay salvación para los pecadores.

Toda la obra de Jesús fue pactual: Su sangre es la sangre del pacto; Su sacerdocio es pactual; Su oficio como Mediador es un oficio pactual. Por tanto, la pregunta sobre el alcance, la extensión o el propósito de la muerte de Cristo no debe ser contestada sin hacer referencia a este pacto. Ahora la pregunta es esta: ¿Cuál es el alcance, la extensión y el propósito del Nuevo Pacto? ¿Es un pacto general hecho con todos y que hace posible la salvación para todos, si lo toman o aceptan?, ¿o es un pacto limitado hecho solamente con ciertas personas y asegura su salvación eterna? Si en alguna medida somos honestos con Jeremías 31:31-34, tendremos que concluir que es un pacto limitado hecho con personas concretas y que asegura su salvación eterna. Si el pacto es limitado y eficaz, y la expiación de Jesús solo tiene significado en este contexto, entonces la expiación debe ser limitada y también eficaz para la salvación de personas específicas. *Llegar* a cualquier otra conclusión es *estirar*[4] la obra de Cristo más allá de su marco bíblico evidente. El arminianismo estira

---

[4] Nota de los traductores: Aquí el autor usa la rima para enfatizar su punto. Las palabras inglesas usadas originalmente son *reach*, traducida como *llegar* (a una conclusión), y *wrench*, que significa *torcer o estirar algo violentamente con una herramienta hasta dañarlo o arrancarlo de su lugar, distorsionar, etc.*, pero que por motivos estilísticos fue traducida como *estirar*, para que rimara con *llegar*, y así preservar también la fidelidad al estilo original. Las cursivas fueron añadidas en la traducción.

a la fuerza la obra de Cristo y la saca de este contexto, que es el único lugar donde esta obra realmente encuentra su significado; es decir, en el contexto de un pacto limitado, particular, eficaz y soberano.

La gracia irresistible

En cumplimiento con Su propósito, Dios realmente escribe Su ley sobre los corazones de Su pueblo y pone Su temor en ellos. El Nuevo Pacto no dice que Dios hace esto siempre y cuando las personas se lo permitan. Si insertan en este pasaje esa frase popular favorita del evangelicalismo moderno: «Si dejas que Dios…», deberían admitir por lo menos que no hay justificación alguna en este pasaje para dicha frase. El Nuevo Pacto está lleno de lo que Dios hace con los hombres, y no de lo que los hombres hacen con Dios.

La perseverancia de los santos

La idea de que los hombres pueden resistir final y definitivamente la gracia de Dios implica naturalmente la doctrina arminiana de que los hombres pueden perder su salvación. Si pueden resistir la gracia de Dios antes de ser salvos, entonces pueden resistirla aun después de recibirla. Otra vez decimos que el lenguaje claro del Nuevo Pacto elimina semejantes dudas arminianas. Miren otra vez al versículo 34b: «pues perdonaré su maldad, y no recordaré más su pecado». Si los pecados de un hombre ya no son recordados, ¿cómo puede Dios condenarlo otra vez por estos? Pero aún más irrefutables son las afirmaciones de Jeremías 32:40. Si existe un texto que realmente pueda sacar del juego todas las contingencias que los arminianos insertan en el Nuevo Pacto, debería ser este: «Haré con ellos un pacto eterno, por el que no me apartaré de ellos, para hacerles bien, e infundiré mi temor en sus corazones para que no se aparten de mí».

La importancia de las doctrinas de la gracia

Desde el instante en que alguien comienza a predicar, enseñar, o debatir sobre las doctrinas de la gracia, algunos empiezan a inquietarse y señalan la necesidad de un equilibrio o expresan su preocupación sobre el calvinismo extremista. Incluso hay quienes dicen creer en la soberanía de Dios en la salvación y en las doctrinas de la gracia, pero le dirán que estas no deberían predicarse públicamente.

¿Cómo cuadra eso con el hecho de que de estas doctrinas se escriben extensamente en los propios términos del Nuevo Pacto? No hay fragmento de la Escritura en todo el Antiguo Testamento que sea más central para la Iglesia que ese único pasaje que hemos considerado, el cual llama explícitamente el Nuevo Pacto por su nombre. Como hemos probado, el Nuevo Pacto es la Constitución misma de la Iglesia. Aun así, en este pasaje esencial y de total importancia es obvio que se enseñan las doctrinas de la gracia. No se hace ningún énfasis en la libertad de la voluntad en todo el pasaje. El énfasis allí es la gracia de Dios solamente. Sí, creemos en la libre oferta del evangelio. Sí, por supuesto, debemos enseñar y enfatizar la responsabilidad humana. Lo único que estamos diciendo es que el Nuevo Pacto enfatiza públicamente la gracia soberana, y que nosotros podemos y debemos hacer lo mismo.

La fuente del crecimiento de la iglesia

Muchos creen que edificar la iglesia depende en última instancia de metodologías humanas que atraigan a personas que tienen control de su propia salvación por su libre albedrío. Si se cree esto, habrá entonces una gran tentación por hacer cualquier cosa que parezca necesaria para atraer a la gente a la iglesia, incluyendo ignorar una enseñanza bíblica tras otra.

¿Qué impedirá que las iglesias se vendan a semejantes métodos? Únicamente la convicción de que solo Dios puede edificar Su Iglesia, y que la edificará usando los métodos que Él mismo ha establecido para ello. Únicamente la convicción de que Dios es quien edifica Su Iglesia impedirá que abandonemos Sus métodos por las invenciones de los hombres. Si solo Dios da el crecimiento (1 Cor. 3:10), entonces no necesitamos prestar atención a las voces que pregonan sus propios métodos humanistas y carnales para el crecimiento de la Iglesia.

¿Cuáles son los métodos de Dios?

1. *La oración bíblica.* Una iglesia reformada sin una reunión de oración bien concurrida y vibrante es una mentira. Quien diga que cree en la gracia soberana, pero no es diligente en su oración privada y pública, es —en el mejor de los casos— alguien terriblemente incoherente con lo que cree y —en el peor de los casos— un hipócrita.

2. *La adoración bíblica.* Es decir, la adoración que es planificada para agradar a Dios, no para atraer a las multitudes carnales.

3. *La predicación bíblica.* En el centro de toda verdadera iglesia y toda verdadera adoración evangélica está el ministerio cuidadoso, solemne y urgente de la Palabra de Dios. Un ministerio así se atreve a predicar todo el consejo de Dios con poder y pasión proféticos.

4. *Una vida eclesial bíblica.* Cuando la oración, la adoración y la predicación bíblicas se expresan de maneras tangibles en una iglesia bien ordenada, en familias piadosas y en vidas santas, entonces tienes el arma con la que Dios se complace en hacer avanzar Su Reino y Su Iglesia. Se necesita trabajo, humildad y tenacidad para perseverar en las tareas poco ostentosas que edifican iglesias, familias y vidas santas, especialmente cuando otros ministerios parecen ser mucho, pero mucho más eficaces;

pero este es el medio que Dios ha establecido para el avance de Su Reino.

El lugar fundamental que ocupa la Persona y la obra de Cristo en la salvación

No hay salvación fuera de las disposiciones del Nuevo Pacto y de Jesucristo como su Mediador. Esta es la gran proclamación de Isaías 42:6-7:

> … te pondré como pacto para el pueblo, como luz para las naciones, para que abras los ojos a los ciegos, para que saques de la cárcel a los presos, y de la prisión a los que moran en tinieblas.

Cristo es el pacto. Al tomar todo lo que Él es para todo lo que necesitas, tienes las bendiciones del Nuevo Pacto. Ven a Cristo por tu vacío interior y Él te llenará del conocimiento de Dios. Ven a Cristo por tu rebeldía y Él escribirá la ley de Dios en tu corazón. Ven a Cristo porque eres culpable y Él te dará el perdón de los pecados.

CAPÍTULO 4

El Nuevo Pacto como la Constitución de la Iglesia versus el paidobautismo

En este capítulo movemos el énfasis del término *reformado* al término *bautista*. No solo es crucial que las iglesias sean reformadas conforme a las disposiciones del Nuevo Pacto, también es necesario que sean bautistas para que estén completamente constituidas conforme al Nuevo Pacto. Hemos afirmado que el Nuevo Pacto es la Constitución de la Iglesia de Cristo, ahora nuestro objetivo será demostrar que esto requiere que las iglesias sean lo que en estos tiempos llamamos *bautistas*.

Como en cada uno de los capítulos anteriores, desarrollaremos esta verdad contrastándola específicamente con una postura doctrinal que difiere con la teología bautista reformada. En este capítulo interactuaremos con el paidobautismo. Este es simplemente el término técnico y teológico para referirse a la práctica del bautismo de los hijos infantes de los creyentes.

Hay que reconocer que muchos de los Padres más reverenciados de la Fe cristiana enseñaron el paidobautismo. Ha sido enseñado por muchos de los que reconocemos como maestros respetables en las cosas de Dios. Al criticar esta doctrina, no se está cuestionando el carácter de tales hombres. Al señalar los serios peligros prácticos del paidobautismo, no se está acusando a los paidobautistas de haber hecho a la Iglesia vulnerable a esos peligros de manera deliberada. Sabemos que muchos paidobautistas son hermanos amados en el Señor.

Habiendo dicho esto, también es necesario decir otras cosas a modo de introducción. Muchos cristianos hoy son bautistas, pero con mucha ignorancia. Nunca han estado familiarizados con la manera en la que algunos creyentes bíblicos han defendido la práctica del bautismo de infantes. Algunos incluso presuponen que todos los paidobautistas sostienen junto con los católicos romanos que el bautismo regenera a quienes lo reciben y que hay que practicarlo debido a la autoridad de la tradición de la Iglesia. Esta presuposición es simplemente errónea. Entonces, es importante comprender la manera en la que algunos intentan defender el paidobautismo con la Biblia.

No deja de ser interesante que muchos, si no la gran mayoría, de los paidobautistas admiten abiertamente que no hay ni un solo ejemplo claro en el Nuevo Testamento de que un infante fuera bautizado. De todos modos, ellos no apoyan el peso fundamental de su postura en el Nuevo Testamento; más bien argumentan sobre la base del rito de la circuncisión. Dicen que como los infantes fueron circuncidados en el Antiguo Testamento, entonces deben ser bautizados en el Nuevo Testamento. Puesto que no debemos desunir el Antiguo Testamento del Nuevo, ya que como cristianos reformados creemos que la Biblia es un solo Libro, argumentan que, siguiendo el ejemplo del Israel veterotestamentario, los infantes deberían ser bautizados en la Iglesia de Cristo. En otras palabras, afirman que como los infantes eran miembros circuncidados del Israel de Dios en el Antiguo Testamento, entonces deberían ser miembros bautizados de la Iglesia (el Israel de Dios) en el Nuevo Testamento.

Se debe admitir que, para cualquiera que esté familiarizado con la Biblia, tales argumentos tienen cierta plausibilidad o atractivo aparentemente bíblico. ¿Cuál sería una respuesta apropiada a tales argumentos? La respuesta no debería ser negar todo lo que hemos dicho en los capítulos anteriores sobre la unidad entre la Iglesia e Israel, el Antiguo y el Nuevo Testamento, y la ley y la gracia. Eso sería dispensacionalismo. Cualquier cristiano reformado que esté informado e instruido desestimará con razón cualquier tipo de respuesta dispensacionalista al argumento de los paidobautistas. No hay necesidad de negar que la Iglesia es el Nuevo Israel de Dios, o que hay ciertos paralelismos entre la circuncisión y el bautismo.

La respuesta más apropiada al argumento reformado tradicional que aboga por el bautismo de infantes dice que, así como hay una unidad básica entre el Antiguo y el Nuevo Pacto, también hay diferencias importantes entre estos. Así como hay similitudes, también hay disimilitudes o diferencias cruciales. Así como hay continuidad, también hay discontinuidad entre estos dos pactos. Es intensamente significativo que el único pasaje del Antiguo Testamento que clara y explícitamente habla de la relación entre el Antiguo y el Nuevo Pacto no enfatiza las similitudes que hay entre estos, sino sus diferencias (Jer. 31:31-34).

Al abrir este capítulo, notaremos tres cosas importantes para la identidad de la Iglesia y la cuestión del paidobautismo:

- El énfasis en la disimilitud del Nuevo Pacto
- La superioridad específica del Nuevo Pacto
- El cumplimiento definitivo del Nuevo Pacto

El énfasis en la disimilitud del Nuevo Pacto

Cuando se leen los argumentos paidobautistas clásicos, por ejemplo, los de A. A. Hodge o los de Louis Berkhof, se nota rápidamente que ponen todo el énfasis en la unicidad o similitud entre el Antiguo y el Nuevo Pacto. Son «idénticos» —nos dicen— y el bautismo simplemente «sustituye» la circuncisión.[1] Las diferencias entre estos dos pactos se minimizan hasta el punto de desaparecer.[2]

En llamativo contraste, Jeremías 31 enfatiza el contraste, la diferencia, la disimilitud entre los dos pactos (p. ej.: Jer. 31:31 dice: «nuevo»; 31:32 dice: «no como…»; Heb. 8:7-8 dice que el Antiguo Pacto no fue «sin defecto», pero el Nuevo no tiene defecto). Esta dimensión clara y obvia de Jeremías 31 suscita profundas sospechas de que los paidobautistas son culpables de un énfasis desequilibrado y extremista en la unidad del Pacto de Gracia a expensas del Nuevo Pacto. Por ejemplo, Randy Booth afirma: «el antiguo y el nuevo pacto *son esencialmente un mismo pacto*» (énfasis añadido).[3] Y añade: «La transición del antiguo pacto al nuevo pacto es un suave desarrollo del plan redentor de Dios, porque los dos pactos están conectados orgánicamente, *son esencialmente un mismo pacto de gracia*» (énfasis añadido).[4]

> Quienes insisten en que el nuevo pacto es un pacto totalmente nuevo (que reemplaza al antiguo pacto), en contraposición a un pacto *renovado* (que *amplía* el pacto anterior), [...] El *Antiguo Testamento*, por ser «antiguo», ha sido dejado de lado e invalidado, al haber sido abrogado por el *Nuevo Testamento* [...]. Muchos lugares del Nuevo

---

[1] Louis Berkhof, *Systematic Theology* {título oficial: *Teología Sistemática*} (Grand Rapids, Míchigan; Eerdmans, 1972), p. 634; A. A. Hodge, *The Confession of Faith* {título oficial: *Comentario de La Confesión de Fe…*} (Edinburgh: the Banner of Truth, 1983), pp. 346-347. Nota de los traductores: Para traducir al español todos los fragmentos tomados de estas fuentes nos guiamos por las respectivas ediciones en inglés citadas por el autor.

[2] Para encontrar un ejemplo contemporáneo de esto, véase el Apéndice sobre Richard L. Pratt, Jr.

[3] Véase Randy Booth, «Covenant Transition» {trad. no oficial: «La transición del pacto»} en *The Case for Covenantal Infant Baptist* {trad. no oficial: *La defensa del bautismo pactual de infantes*}, editado en inglés por Gregg Strawbridge (Phillipsburg, Nueva Jersey: P&R Publishing, 2003), p. 195.

[4] Randy Booth, «Covenant Transition», p. 199.

Testamento reconocen la *completa* unidad y continuidad entre el antiguo y el nuevo pacto. (Énfasis añadidos)[5]

Nótese como Booth describe el Nuevo Pacto como una *renovación* y *ampliación* del Antiguo Pacto. Esto, en efecto, niega la «novedad» específica {del Nuevo Pacto} que declaró Jeremías y es un ejemplo de énfasis extremista en la unidad del Pacto de Gracia a expensas del Nuevo Pacto. En el pensamiento de Booth, «nuevo» significa *renovado* y *ampliado*. El Nuevo Pacto no asegura la salvación de todos los ciudadanos del Nuevo Pacto, sino que amplía y renueva las promesas del Antiguo Pacto a las naciones de la tierra. Sin embargo, Hebreos 8:6 nos asegura que el Nuevo Pacto es «un mejor pacto, establecido sobre mejores promesas». Obsérvese también como Booth iguala el Antiguo Testamento con el Antiguo Pacto, y el Nuevo Testamento con el Nuevo Pacto. Aunque es correcto decir que el Antiguo Testamento contiene el Antiguo Pacto y es el documento autoritativo del Antiguo Pacto, no es verdad que el Nuevo Pacto abroga las Escrituras del Antiguo Testamento. El Nuevo Pacto hace obsoleto el *Antiguo Pacto* (Heb. 8:13), no *las Escrituras del Antiguo Testamento*, y lo reemplaza con el Nuevo Pacto. Este es otro ejemplo de sobreénfasis en la continuidad entre los pactos a expensas de su discontinuidad. Esto prepara el camino para nuestro segundo punto.

La superioridad específica del Nuevo Pacto

Afortunadamente, Jeremías 31 no se detiene en una afirmación general de que el Nuevo Pacto es diferente, sino que prosigue diciéndonos específicamente cómo el Nuevo Pacto es mejor o superior en comparación con el Antiguo.

Pero aquí nos enfrentamos a una dificultad. A primera vista, no parece haber nada realmente nuevo en el Nuevo Pacto. Cada una

---

[5] Randy Booth, «Covenant Transition», p. 179.

de sus tres bendiciones distintivas (las que se mencionan como aquello en lo que consiste el Nuevo Pacto en los vv. 33-34) también las poseían los creyentes del Antiguo Pacto. La ley estaba escrita sobre sus corazones. Al describir a los justos bajo el Antiguo Pacto, David dice: «La ley de su Dios está en su corazón; no vacilan sus pasos» (Sal. 37:31). Suyo era también el conocimiento de Jehová. Al describir a los creyentes bajo el Antiguo Pacto, dice David: «En ti pondrán su confianza los que conocen tu nombre, porque tú, oh SEÑOR, no abandonas a los que te buscan» (Sal. 9:10; comp. con 1 Sam. 2:12; y 3:7). Además, se les había concedido el perdón de los pecados. En el Salmo 32, versículos 1 y 2, David exclama:

> … ¡Cuán bienaventurado es aquel cuya transgresión es perdonada, cuyo pecado es cubierto! ¡Cuán bienaventurado es el hombre a quien el SEÑOR no culpa de iniquidad, y en cuyo espíritu no hay engaño!

Por textos como estos, muchos intérpretes han concluido que no hay nada realmente nuevo en el Nuevo Pacto. Les dirán que lo único que hay en realidad es una diferencia *cuantitativa* entre los dos pactos, y no una diferencia *cualitativa*.

¿Cuál es la diferencia entre lo *cuantitativo* y lo *cualitativo*? Por ejemplo, consideremos estos comentarios de Matthew Poole. En medio de excelentes y sensatos comentarios sobre Jeremías 31:31-34, él señala: «Tampoco se llama el *Nuevo Pacto* porque fuera nuevo en cuanto a la sustancia, pues fue hecho con Abraham (Gén. 17:7) y con los judíos (Deu. 26:17-18)»[6]. Más adelante, en su comentario sobre la frase «todos me conocerán», añade: «Es solo una forma de hablar que significa el incremento del conocimiento y del temor del Señor que habría después del derramamiento del Espíritu»[7].

---

[6] Matthew Poole, *A commentary on the Holy Bible* {trad. no oficial: *Comentario sobre la Santa Biblia*} (Edinburgh: The Banner of Truth Trust, 1975), 2:591.

[7] Matthew Poole, *A commentary on the Holy Bible*, pp. 591-592.

El problema de ese tipo de interpretaciones es muy claro. Terminan diciendo que el Nuevo Pacto es *exactamente igual que* el Antiguo Pacto, mientras que la Biblia dice que el Nuevo Pacto «no [es] como» el Antiguo Pacto (Jer. 31:32), que es nuevo, es sin defecto, mientras que el otro era defectuoso (Heb. 8:7-8).

La clave para entender lo «novedoso» del Nuevo Pacto se encuentra en una frase que incluso interpretes muy buenos a menudo pasan por alto. Son las palabras «todos me conocerán» en el versículo 34. Esta frase contiene la idea central del versículo. ¿Que se está enfatizando en este versículo? Que mientras *algunos* de entre el pueblo de Dios del Antiguo Pacto ciertamente conocían al Señor, *muchos* no lo conocían. De esto dan testimonio los hijos de Elí: «Pero los hijos de Elí eran hombres indignos; no conocían al SEÑOR» (1 Sam. 2:12 {NBLA}). Contraste los hijos de Elí con Samuel, quien llegó a conocer al Señor a una edad temprana: «Y Samuel no conocía aún al SEÑOR, ni se le había revelado aún la palabra del SEÑOR» (1 Sam. 3:7).

Debido a que el pacto se hizo con la descendencia física de Abraham (la nación física de Israel), y puesto que a la temprana edad de ocho días de nacidos los infantes varones eran circuncidados para membresía oficial en aquella nación física, muchos de aquellos con quienes Dios realmente estaba en una relación de pacto no conocían espiritual ni salvadoramente al Señor. En Israel había personas como Samuel, y también como los hijos de Elí. Dentro del lugar santo había hombres como Samuel antes de escuchar la voz del Señor y hombres como Samuel después de escuchar la voz del Señor. Había personas como David y personas como Joab, como Jonatán y como Abner; legal y apropiadamente circuncidados para membresía en Israel, la nación del pacto de Dios.

El punto de Jeremías 31:34 es que en el Nuevo Pacto esta situación no imperaría más, ya no se daría más. Antes bien, al hablar de Su pueblo del Nuevo Pacto, Su Nuevo Israel, Jehová dice: «todos me conocerán». Que esto es uno de los principales aspectos de la novedad del Nuevo Pacto queda confirmado por lo que aprendimos sobre el carácter inquebrantable del Nuevo Pacto. En el Antiguo Pacto, la ley de Dios había sido escrita en piedra. En consecuencia, podía ser quebrantada, aunque Dios, de una forma real y verdadera, mediante el pacto, se había convertido en el Esposo de Israel (Jer. 31:32). Sin embargo, en el Nuevo Pacto, la ley es escrita sobre los corazones de todos los ciudadanos del pacto, lo cual garantiza que ningún miembro del pueblo de Dios del Nuevo Pacto jamás rompa el Nuevo Pacto (Jer. 32:40).

Los paidobautistas hablan a menudo de bautizar a sus hijos como señal de que estos últimos participan del pacto, pero después no tienen ningún problema con hablar de la posibilidad nada desdeñable de que esos mismos hijos opten por salirse del pacto o lo rompan cuando crezcan o no den frutos. Por ejemplo, Randy Booth dice: «En el Antiguo Pacto, los miembros del pacto infructíferos eran cortados del pacto, y, en el Nuevo Pacto, los miembros del pacto infructíferos son igualmente cortados del pacto».[8] Muchos de ellos admiten además que el bautismo de sus hijos no implica que estos últimos sean salvos. Sin embargo, tales afirmaciones son incompatibles con los términos del Nuevo Pacto. El dictamen de la Escritura es que el Nuevo Pacto no puede romperse y que solo los cristianos genuinos, los que conocen al Señor, están en este. Recuerden que Dios dijo: «... perdonaré su maldad (la del Israel del Nuevo Pacto) y no recordaré más su pecado» (Jer. 31:34).

El hecho de que para poder reclamar tener parte en el Nuevo Pacto los hombres deben conocer al Señor, tener la ley de Dios escrita sobre sus corazones, y sus pecados ser perdonados está escrito

---

[8] Booth, «Covenant Transition», p. 197.

en todo el Nuevo Testamento (Mat. 3:1-12; Jua. 1:12-13; Flp. 3:3; Rom. 8:14; 9:3-5).

¿Cómo se relaciona todo esto con el bautismo y especialmente con el paidobautismo? El bautismo es la señal de la membresía o insignia de la participación en el Nuevo Pacto. Sin embargo, la membresía en el Nuevo Pacto está restringida a los que poseen sus bendiciones características. La única base sobre la que se puede recibir las ordenanzas o señales del Nuevo Pacto es que se conozca al Señor salvadoramente. Hasta que haya razones bíblicas para creer que alguien conoce al Señor, hasta que una persona profese creíblemente tal conocimiento, no hay fundamento bíblico alguno para bautizarlo. El bautismo sin conocimiento salvador de Jehová carece de toda justificación bíblica. El bautismo de un infante o de cualquier otra persona que no posea este conocimiento no es un bautismo bíblico.

Sobre estas bases bíblicas, toda forma de paidobautismo que admita que bautiza a infantes que no conocen al Señor está condenada. Sin embargo, entre los paidobautistas hay una teoría que, a primera vista, parece satisfacer esta objeción. Algunos paidobautistas afirman que la Biblia quiere que presupongamos que los hijos que tengan al menos un padre o madre creyente son regenerados. Admiten que ocasionalmente, en algunos casos individuales, esta presunción no es válida, pero enseñan que Dios aun así quiere que presupongamos que nuestros hijos son regenerados. Esta teoría parecería conformarse así a los requerimientos del Nuevo Pacto. Podemos bautizar a nuestros infantes —dicen— basándonos en que ellos son (presuntamente) regenerados.

Hay un sin número de problemas con esta teoría que salen a relucir con un poco de reflexión. *El primero* es de índole práctico. La experiencia demuestra que los infantes de los creyentes muy rara vez son regenerados. Incluso cuando lo son, es casi imposible determinarlo hasta que llegan a una edad más madura. A decir verdad, enseñar que la Biblia quiere que presupongamos como verdadero algo que es claramente falso en la gran mayoría de los casos es sostenernos sobre una base completamente inestable.

En segundo lugar, debemos preguntarles a estos paidobautistas dónde enseña la Biblia esta gran presunción de que nuestros hijos son regenerados. Una de las formas en que podrían responder es diciéndonos que los hijos eran circuncidados en el Antiguo Pacto. Esta respuesta no entiende en lo absoluto el punto central de Jeremías 31. Si algo enseña este pasaje es que la circuncisión no era dada a los hijos en la nación del Antiguo Pacto sobre la base de que eran regenerados, sino sobre la base de que eran la descendencia física de Abraham.

Otra forma en la que los paidobautistas pueden responder es diciendo que Dios promete en Su Palabra bendecir la paternidad y/o maternidad piadosa como medio para la salvación de los hijos de los creyentes: «Enseña al niño el camino en que debe andar, y aun cuando sea viejo no se apartará de él» (Pro. 22:6). Es cierto que Dios promete bendecir y salvar a la descendencia de padres piadosos. Pero esto no resuelve el problema por varias razones. *En primer lugar*, Él no promete salvar a cada hijo de padres piadosos sin excepción. *En segundo lugar*, los paidobautistas no otorgan el bautismo a los hijos de padres piadosos solamente, sino a todo hijo de creyentes por la promesa hecha por esos padres creyentes de que serán padres piadosos. *En tercer lugar*, aunque Dios hubiera prometido salvar a todos los hijos de todos los creyentes, esto no significaría que eso sucedería necesariamente desde que fueran infantes. El bautismo no debe otorgarse con la esperanza de que esta persona será salva en el futuro, sino porque en el presente dé pruebas creíbles de que ya conoce al Señor.

El cumplimiento definitivo del Nuevo Pacto[9]

Uno de los temas más cruciales sobre la Iglesia es: ¿Dónde debemos buscar la imagen o el modelo para la Iglesia? Resulta muy claro en la literatura paidobautista que ellos encuentran su modelo para la Iglesia en el Israel del Antiguo Testamento. ¿Cómo debería ser la Iglesia, especialmente en su práctica del bautismo? El paidobautista contesta:

—Debería parecerse mucho al Israel del Antiguo Testamento.
—¿Cómo debería ser el bautismo?
—Debería ser muy parecido a lo que era la circuncisión en Israel.

Sin embargo, la Constitución de la Iglesia (el Nuevo Pacto) apunta a un modelo muy diferente para la Iglesia. Apunta en la dirección opuesta para encontrar este modelo. El Nuevo Pacto se guía por un plano para la Iglesia que es diferente del que es usado por los paidobautistas.

La profecía de Jeremías 31 de que todos conocerán al Señor no es la única que predice el conocimiento salvador de Jehová a escala universal (véanse Isa. 11:9; 52:1; 54:13; 60:21). ¿Qué expectativa nos presentan estos pasajes? La de un día que se acerca en el estado eterno, cielos nuevos y tierra nueva después de la segunda venida de Cristo, cuando la tierra será redimida, la Iglesia perfeccionada, y los impíos eliminados del mundo en su totalidad. Entonces ciertamente habrá una Iglesia y un mundo perfectos. Entonces, todos en el mundo conocerán a Jehová «desde el más pequeño de ellos hasta el más grande» (Jer. 31:34; comp. con Apo. 21:8, 27).[10] Sin embargo, aquel día no será el comienzo, sino la consumación del Nuevo Pacto.

---

[9] En el Apéndice 1, se analiza el concepto de cumplimiento definitivo y consumado del Nuevo Pacto que sostiene Richard L. Pratt, Jr. en *The Case for Covenantal Infant Baptism* {trad. no oficial: *La defensa del bautismo pactual de infantes*}.

[10] En «el siglo» del Nuevo Pacto, todos los que están en el pacto conocen al Señor. En «el siglo» venidero, todos en el mundo conocerán al Señor.

Aunque la perspectiva final que nos presenta Jeremías 31 es ese día glorioso, Cristo ya comenzó, inició e inauguró el Nuevo Pacto. Ya se están cumpliendo estas predicciones de una forma anticipada o preliminar en el presente «siglo» y en la presente Iglesia. Esto está claro por todas las pruebas que vimos en el primer capítulo que demuestran el actual cumplimiento del Nuevo Pacto en la Iglesia. También está claro por otro pasaje del Nuevo Testamento que cita la profecía de Jeremías 31:34. Juan 6:45 dice: «Escrito está en los profetas: "Y TODOS SERÁN ENSEÑADOS POR DIOS". Todo el que ha oído y aprendido del Padre, viene a mí». Es evidente que Jesús considera que esta profecía ya se estaba cumpliendo durante Su vida y ministerio. Notarán, además, que la referencia al principio del versículo es a «los profetas» (en plural). Esto se debe a que Jesús está combinando dos profecías del Antiguo Testamento en las palabras que cita. Esos dos pasajes son Isaías 54:13, en el cual se predice: «Todos tus hijos serán enseñados por el SEÑOR»; y Jeremías 31:34, que dice: «todos me conocerán». De esta manera, Jesús presupone que hay un cumplimiento presente de estos pasajes, y también uno futuro. El Nuevo Pacto fue inaugurado en este «siglo» y se consumará en el «siglo» venidero.

¿Qué relevancia tiene todo esto para la Iglesia? No deberíamos derivar nuestro modelo para la Iglesia de la multitud mixta del Israel del Antiguo Testamento, sino de la multitud perfeccionada de la Nueva Jerusalén. Esta es la imagen de la Iglesia que debemos procurar reproducir en nuestras iglesias. Esta es la norma para la Iglesia; es lo que la Iglesia debería ser. «Todos me conocerán» es el estandarte que hondeará sobre la Nueva Jerusalén. Es también la señal que debería colgarse a la entrada de toda iglesia local. Solo los que conozcan al Señor (es decir, quienes de una manera creíble profesen conocerlo) deben ser bautizados y, en el bautismo, ser unidos a la iglesia local.

Aplicaciones finales

En estas aplicaciones finales ampliaremos nuestro enfoque y tendremos en cuenta implicaciones más extensas de lo que enseña Jeremías 31 sobre la membresía en la Iglesia o en el Nuevo Pacto.

Poner cualquier tipo de confianza en haber sido bautizados de infantes en la Iglesia o en el Nuevo Pacto es una total insensatez

Ahora bien, por supuesto, ni siquiera el bautismo de creyentes debería ser hecho jamás el objeto de la confianza espiritual de nadie. Si alguien en alguna medida ha hecho del bautismo de creyentes un fundamento para la esperanza espiritual, Jeremías 31 deja completamente expuestas sus falsas esperanzas. Solo Cristo y una relación personal con Él es el fundamento sobre el que debe descansar nuestra confianza ante el santo trono de Dios. No obstante, muchos han persistido en pensar que el bautismo, especialmente el bautismo de infantes, de alguna manera coloca a los infantes bajo el favor de Dios y en Su Iglesia. ¿Ven la total insensatez de esto? El bautismo de infantes no puede ayudar al alma de un incrédulo, como tampoco pudo ayudarlo la circuncisión. El bautismo que muchos reciben cuando son infantes no significa nada para Dios. Qué insensatez tan grande es hacer de un rito de invención humana, no ordenado por Dios, en alguna medida el fundamento de la esperanza para su propia alma o para cualquier otra persona.

El deber absoluto y obligatorio de ser bautizados como creyentes

No estamos afirmando que no será salvo nadie que por ignorancia de la verdad no haya sido bautizado como creyente. Pero sí se les puede decir a quienes conocen la verdad que el bautismo como creyentes es una cuestión de obediencia a Cristo. Él dijo: «Vosotros sois mis amigos si hacéis lo que yo os mando» (Jua. 15:14).

La importancia crucial de mantener estándares bíblicos de membresía en la iglesia

Solo esto asegura que la Iglesia es ahora en alguna medida lo que será en «el siglo» venidero. Tales estándares deben mantenerse frente al sentimiento paternal. Esto último es lo que explica mucho del atractivo de las teorías paidobautistas y el deseo de los padres de ver a sus infantes bautizados. Tales estándares también deben mantenerse frente a padres bautistas que quieren que los pastores bauticen, no a sus bebés, pero sí a sus hijos de 4 años por razones sentimentales. Tales estándares deben mantenerse frente al descuido prevaleciente de la disciplina correctiva de la iglesia. Estos estándares deben mantenerse frente al «evangelio fácil». Es el deber solemne de los pastores y miembros de iglesias mantener los estándares establecidos por el Nuevo Pacto para la membresía en una iglesia bíblica.

Los invariables requisitos para la membresía eclesial bíblica

Esos requisitos han sido establecidos por la Constitución de la Iglesia (el Nuevo Pacto). Fueron escritos con claridad en Jeremías 31:33-34 para que todos los podamos ver:

> porque este es el pacto que haré con la casa de Israel después de aquellos días —declara el SEÑOR—. Pondré mi ley dentro de ellos, y sobre sus corazones la escribiré; y yo seré su Dios y ellos serán mi pueblo. Y no tendrán que enseñar más cada uno a su prójimo y cada cual a su hermano, diciendo: «Conoce al SEÑOR», porque todos me conocerán, desde el más pequeño de ellos hasta el más grande —declara el SEÑOR— pues perdonaré su maldad, y no recordaré más su pecado.

Para finalizar, hemos visto la gloriosa bendición de la membresía en una verdadera iglesia

La auténtica y legítima membresía en una verdadera iglesia es una señal y un sello de una eternidad bienaventurada. Es un anticipo[11] de la gloria y del banquete de bodas del Cordero. Con la comunión en nuestra iglesia estamos anticipando la comunión en el Cielo. ¿Podemos pensar en estas cosas sin sentirnos constreñidos de algún modo a caminar en nuestra iglesia de una manera digna de tal privilegio? ¡Qué llamado tan elevado es pertenecer a la membresía de una iglesia local! Debemos ejemplificar el amor y la santidad de la Nueva Jerusalén en nuestras iglesias locales. Que Dios nos ayude a hacer que nuestras iglesias sean cada vez más un anticipo de la Nueva Jerusalén.

---

[11] Nota de los traductores: *anticipo* —Lit., *bocado* o *probada que se saborea de antemano*.

CONCLUSIÓN

Un manifiesto bautista reformado

No hay mayor necesidad en el mundo de hoy que la de establecer iglesias sólidas y coherentemente bíblicas. Tales iglesias serán poderosas columnas y sostenes de esa verdad de Cristo de la que depende la salvación de las naciones y la gloria de Dios en el mundo. Los bautistas reformados están convencidos de que las iglesias de Cristo deben anteponer Su gloria y Su verdad a todo lo demás; y que, por esta causa, en obediencia a la naturaleza revelada de la *Real Cédula* de la Iglesia en el Nuevo Pacto, dichas iglesias deben desechar el dispensacionalismo, el antinomianismo en todas sus formas, el arminianismo y el paidobautismo, para que la predicación del evangelio a las naciones no tenga obstáculos. La centralidad de la Iglesia en el plan de Dios, la importancia de los Diez Mandamientos en la vida del creyente, las preciosas doctrinas de la gracia soberana y la necesidad de conocer al Señor para ser miembro de la iglesia deben ser aceptadas en las iglesias y proclamadas desde sus púlpitos. Cuando eso suceda, llegará un nuevo amanecer de pureza y poder para el evangelio y la Iglesia. ¡Que Dios nos conceda ese día!

APÉNDICE 1

Una breve respuesta a «El bautismo de infantes en el Nuevo Pacto», escrito por Richard L. Pratt, Jr.

Richard L. Pratt, Jr. ha reconocido e intentado responder a la amenaza que representa para el paidobautismo la exégesis bautista reformada de Jeremías 31:31-34 en un capítulo titulado {trad. no oficial} «El bautismo de infantes en el Nuevo Pacto».[1] Puede decirse a favor de Pratt que demuestra tener una comprensión creíble de la interpretación bautista reformada del pasaje en el resumen que proporciona al principio de su capítulo.

Él intenta responder a los argumentos contra el paidobautismo basados en Jeremías 31 (ya expuestos en este presente libro) señalando que una comprensión amplia del cumplimiento de este

---

[1] Richard L. Pratt, Jr., «Infant Baptism in the New Covenant», en *The Case for Covenantal Infant Baptism*, editado en inglés por Gregg Strawbridge (Philipsburg, Nueva Jersey: P&R Publishing, 2003), pp. 156-174; el cual es una versión ligeramente editada de «Jeremiah 31: Infant Baptism in the New Covenant» {trad. no oficial: «Jeremías 31: El bautismo de infantes en el Nuevo Pacto»}, en *IIIM Magazine Online* {trad. no oficial: *Revista en línea de Ministerios Tercer Milenio*}, vol. 4, n.º 1, 7-13 de enero, 2002, disponible en el siguiente enlace:
<http://www.thirdmill.org/files/english/html/th/TH.h.Pratt.New.Covena nt.Baptism.html>. Nota de los traductores: Consultado el 2 de febrero de 2024.

pasaje debe tener en cuenta no solo su cumplimiento en el presente «siglo», sino también en «el siglo» venidero (es decir, en el estado eterno). Sin entrar en todos los detalles del argumento de Pratt, ya debería ser obvio que el tratamiento del Nuevo Pacto que contiene este presente libro está de acuerdo en general y cordialmente con la insistencia de Pratt en que el Nuevo Pacto encuentra su cumplimiento definitivo y consumado en los nuevos cielos y la tierra nueva.

Donde la polémica de Pratt a favor de las posturas paidobautistas lo desvían claramente es en su conclusión de que el Nuevo Pacto es virtual y exclusivamente futuro en cuanto a su establecimiento. Él admite varias veces que las implicaciones del Nuevo Pacto son exactamente las que piensan los bautistas, pero argumenta que estas implicaciones solo son ciertas en el estado eterno. Por ejemplo, él dice:

> En tercer lugar, vimos que muchos evangélicos objetan el bautismo de infantes porque *el nuevo pacto distribuye la salvación a todos sus participantes*. Como ocurre con las objeciones anteriores, este punto de vista es correcto en la medida en que se relacione con el cumplimiento definitivo del nuevo pacto en la consumación.[2]

Esto significa que, para Pratt, el cumplimiento actual del Nuevo Pacto anticipa meramente su *cumplimiento real* en el estado eterno. Y no puede ser de otra manera porque, para él, ninguna de sus disposiciones se cumple estrictamente hasta el estado eterno. De hecho, según las propias declaraciones de Pratt, el Nuevo Pacto es semejante a todos los pactos divinos anteriores, incluyendo el Pacto Mosaico, en cuanto a aquellos aspectos que hacen que el Nuevo Pacto sea *nuevo*.[3]

---

[2] Pratt, «Infant Baptism in the New Covenant», p. 172.

[3] Pratt, «Infant Baptism in the New Covenant», pp. 158-159.

Ahora bien, de seguro que esta conclusión a la que llega Pratt es sorprendente a primera vista. Aunque el Nuevo Testamento enseña que el Nuevo Pacto tiene tanto un cumplimiento presente (inaugural) como uno futuro (consumado), Pratt quiere reservar todos sus elementos distintivamente nuevos para el estado consumado y negárselos todos al estado inaugural.

Lo que hace que esta conclusión sea aún menos convincente es que el Nuevo Testamento deja claro una y otra vez que el Nuevo Pacto ya ha sido legalmente establecido o promulgado. Así lo demuestra el hecho de que sus ordenanzas han sido legalmente establecidas (Luc. 22:20; 1 Cor. 11:25), y sus oficiales legalmente instalados (Efe. 2:20; 4:11; Heb. 8:1-6; 2 Cor. 3:6). También lo demuestra el lenguaje de Hebreos 8:6 que, usando la terminología de una institución legal, dice que ha sido «establecido sobre mejores promesas». James R. White habla muy puntualmente de este tema:

> Es importante ver que para el escritor *el Nuevo Pacto ha sido oficialmente establecido como una acción que ocurrió en tiempo pretérito*. El término usado es νενομοθέτηται (el aspecto perfectivo en voz pasiva de νομοθετέομαι: *«establecer sobre la base de una aprobación legal, ordenar, fundar por ley»* [*BDAG*]).[4] El Nuevo Pacto no es algo *que será establecido algún día*, sino que ya (como acción completada) ha sido fundado, establecido, promulgado; y esto, sobre «mejores promesas» que las de «aquel primer pacto» (vv. 6-7). No hay nada en el texto que nos lleve a creer que el pleno establecimiento de este pacto está aún en el futuro, pues esto destruiría el presente interés apologético del autor; concluirá asimismo su cita de Jeremías 31 afirmando la naturaleza obsoleta del primer pacto, lo cual deja a uno teniendo que teorizar, sin base textual, acerca de algún tipo de estado pactual

---

[4] Nota de los traductores: *BDAG* — trad. no oficial: *Léxico Griego– Inglés del Nuevo Testamento y Otra Literatura de los Primeros Cristianos* por sus siglas en inglés.

intermedio si uno no acepta el pleno establecimiento del Nuevo Pacto como se ve en el término νενομοθέτηται.[5]

Finalmente, hay indicios del establecimiento presente (real) del Nuevo Pacto por el hecho de que Jesús, en Juan 6:45 (como hemos visto), cita uno de los pasajes que habla más explícitamente del estado consumado como ya en proceso de cumplimiento.

Por todas estas razones, la conclusión de Pratt causa la impresión de ser una deducción sorprendentemente extremista y probablemente parcializada del cumplimiento consumado del Nuevo Pacto. Este libro llega a una conclusión más natural: Que el Nuevo Pacto (*de jure*) constituye ahora la Constitución legal de la Iglesia, aunque su condición real todavía se asemeje en ciertos aspectos (*de facto*) a la condición del pueblo de Dios bajo pactos anteriores.

Esta es la explicación más natural para varios pasajes citados por Pratt para probar que el pueblo actual del Nuevo Pacto está compuesto tanto por creyentes como por incrédulos. A pesar de la nueva situación legal que rige con el establecimiento del Nuevo Pacto, el cumplimiento meramente inaugural del Nuevo Pacto significa que la situación actual de la Iglesia se asemeja a veces, y hasta cierto punto, a la de la multitud mixta de Israel. Esta es la explicación de Hebreos 10:29 y Deuteronomio 32:36, y de otros pasajes en el Nuevo Testamento.

Pratt es un ejemplo de cómo los paidobautistas hoy citan Hebreos 10:29 con frecuencia. Cabe hacer algunos comentarios sobre el significado de este pasaje. Los pasajes sobre la apostasía en Hebreos (incluido 10:29) se refieren claramente solo a los que en realidad profesaban ser regenerados, no a bebés que supuestamente habían nacido o habían sido bautizados para el Nuevo Pacto.

---

[5] James R. White, «The Newness of the New Covenant» {trad. no oficial: «La novedad del Nuevo Pacto»}, en *Reformed Baptist Theological Review*, vol. I, n.º 2 (julio de 2004), pp. 156-157.

Quienes son mencionados en Hebreos 10:29-30 son los mismos que se mencionan en Hebreos 2:3-4 y 6:4-6, donde se describen sus experiencias de conversión. Esto queda claro en Juan 15:1-6. Noten la referencia contextual a Judas Iscariote (Jua. 13:10-11, 30). Esto también queda claro en Romanos 11:16-24 por el hecho de que la fe es la que injerta a las personas al único olivo.

Al usar estos pasajes, los paidobautistas se enredan en los extremos de un dilema. Si admiten que los apóstatas son descritos en estos pasajes como «santificado» y «en Cristo» por lo que profesaron y afirmaron ser, entonces deben adoptar la postura de que los infantes pueden ser admitidos en el Nuevo Pacto basándose únicamente en la suposición de que son regenerados. A menos que adopten la doctrina de la regeneración presuntiva de sus infantes, esto los deja en la postura bautista de bautizar solo a los que profesan ser regenerados. Dado que la regeneración presuntiva (1) presupone que no es necesario evangelizar a nuestros hijos, (2) carece de apoyo bíblico, e (3) implica un malabarismo lógico difícil, la mayoría de los paidobautistas evangélicos titubean para adoptar este fundamento para bautizar a sus infantes.

Pero el otro extremo del dilema para los paidobautistas consiste en argumentar que las palabras «en Cristo» y «santificado» en los pasajes sobre la apostasía no tienen nada que ver con la profesión de ser regenerado. Estos paidobautistas argumentan que dicho lenguaje habla simplemente de alguna bendición «pactual» que los apóstatas realmente poseían, pero que era algo completamente distinto de la profesión de ser regenerados. Los problemas con este enfoque son múltiples.

En primer lugar, tiene que atribuir dos significados completamente diferentes a las mismas palabras usadas en los mismos capítulos. Por ejemplo, en Hebreos 10 tiene que decir que «santificados» significa algo completamente diferente en los versículos 10 y 14 de lo que significa «santificado» en el versículo 29. Tiene que inventar además un significado meramente pactual pero no de salvación para la frase «en Cristo» en Juan 15 y ser injertado «por la fe» en el único olivo en Romanos 11.

Pero, *en segundo lugar*, los problemas se agravan aún más. Puesto que los paidobautistas argumentan que esta conexión meramente pactual (pero no salvadora) con Cristo es dada a las personas mediante su participación de las ordenanzas del Nuevo Pacto (es decir, mediante el bautismo y la Cena del Señor), tienen que cambiar el significado del bautismo y la Cena del Señor. Ahora el bautismo y la Cena del Señor no declaran o profesan o significan el arrepentimiento y el perdón de los pecados, sino solo alguna conexión pactual pero no salvadora con Cristo. Por supuesto, el problema de esta postura es que desafía la clara enseñanza de todo el Nuevo Testamento sobre el significado del bautismo.

Una interpretación más satisfactoria de los pasajes sobre la apostasía sostiene que en estos se usa el lenguaje de la profesión de ser regenerado. Una ilustración interesante de cómo la Biblia puede usar el lenguaje de la profesión se encuentra en 2 Crónicas 28:23. Allí se describe al rey de Israel en términos de una profesión que era claramente contraria a la realidad:

> sacrificaba a *los dioses de Damasco que lo habían derrotado, y decía: Por cuanto los dioses de los reyes de Aram los ayudaron, sacrificaré a ellos para que me ayuden.* Pero ellos fueron su ruina y la de todo Israel. (énfasis añadido)

Quienes son mencionados en los pasajes sobre la apostasía también son descritos según su profesión y privilegios externos y visibles, no según su realidad interna y espiritual (1 Cor. 8:11; Rom. 14:15). Si estos pasajes implican que un hermano puede perderse, el tal es descrito como «hermano» solo en cuanto a su profesión visible; pues un verdadero hermano no puede perderse (Rom. 14:4). Hebreos 10:29 habla del que fue santificado por la sangre de Cristo;

sin embargo, los que son verdaderamente santificados han sido hechos perfectos una vez para siempre mediante la muerte de Cristo (Heb. 10:10, 14), y gozan de las bendiciones del Nuevo Pacto (Heb. 10:15-18). Por lo tanto, quienes son mencionados en Hebreos 10:29, son descritos como «santificados» solo según su propia profesión, no según la realidad.

Pratt también cita 1 Corintios 7:14.[6] El *primer* problema del argumento paidobautista basado en este pasaje es que prueba demasiado. El pasaje declara no solo que los hijos son santos, sino también que el cónyuge incrédulo es santo («santificado[a]»). Si tal santidad da derecho al bautismo cristiano, y el pasaje afirma que tanto los hijos como el cónyuge incrédulo son santificados, esto probaría que los cónyuges incrédulos también tienen derecho al bautismo. Esta es una postura que ningún paidobautista desea adoptar.

El *segundo* problema de esta interpretación es que ignora el contexto y el verdadero significado del pasaje. El tema del contexto es el matrimonio mixto y el divorcio, no el bautismo, y ciertamente no el bautismo de infantes. Siempre es peligroso deducir demasiado sobre un tema determinado tomando como base un pasaje que no trata de ese tema.

El *tercer* problema de esta interpretación es que una vez que se entiende el verdadero significado de este pasaje, ese significado destruye por completo cualquier supuesto apoyo que dé al bautismo de infantes. El contexto deja claro que los creyentes en Corinto estaban siendo tentados a divorciarse de sus respectivas parejas matrimoniales no creyentes. Por eso Pablo los amonesta, para que no se divorciaran por este motivo (vv. 12-13). Luego, en el versículo 14, Pablo aborda el razonamiento con el que algunos cristianos corintios

---

[6] Pratt, «Infant Baptism in the New Covenant», pp. 171-172.

justificaban el divorcio de sus cónyuges no creyentes. La premisa, fundamento o punto de partida {paidobautista} solo se enuncia en la última cláusula del v. 14, versículo que (significativamente) comienza con la conjunción explicativa «Porque…». Esta premisa es la presupuesta santidad y pureza de los hijos de tales matrimonios. Pablo presupone que los que racionalizaban el divorcio de los cónyuges incrédulos no querían decir que sus descendientes fueran ilegítimos («inmundos»). El punto del pasaje es que, si los hijos de un matrimonio son «santos» (es decir, *puros* o *legítimos*), entonces el matrimonio también tiene que ser legítimo. Pablo está diciendo a los corintios racionalizadores que cuando estén dispuestos a llamar a sus hijos ilegítimos, *entonces* pueden pensar en sus matrimonios como ilegítimos. Es ilógico —les dice— querer que los hijos sean considerados legítimos, pero que un cónyuge o matrimonio sea considerado ilegítimo. En otras palabras, el mismo argumento que justifica el divorcio de sus cónyuges también lleva a la conclusión de que sus hijos son ilegítimos o inmundos. Solo cuando puedan digerir esta conclusión podrán usar el argumento que conduce a esta. Los términos «santo» o «santidad» se utilizaban de esta manera en la literatura judía (para referirse a lo que nosotros llamamos *legitimidad* o *ilegitimidad*).[7] Es evidente que el hecho de que ciertos hijos sean descendientes legítimos de un matrimonio legítimo no tiene nada que ver con una supuesta santidad pactual o derecho al bautismo cristiano.

A modo de conclusión pueden resumirse varios problemas con el argumento de Pratt.

En primer lugar, él llega a una conclusión improbable y extremista del cumplimiento consumado del Nuevo Pacto en el estado eterno.

---

[7] Paul K. Jewett, *Infant Baptism and the Covenant of Grace* {título oficial: *El Bautismo de Infantes y el Pacto de Gracia*} (Grand Rapids, Míchigan: Eerdmans Publishing Co., 1978), p. 133.

Su argumento básico es que las promesas del Nuevo Pacto no se harán realidad plenamente en la comunidad del pacto hasta el estado eterno. Hasta entonces, la comunidad del Pacto será una comunidad mixta, como lo ha sido desde el principio. En este esquema no cambia nada, al menos durante el periodo de interadvenimiento[8]. Como fue con el Antiguo Pacto, así es con el Nuevo: unos rompen el pacto, otros no; unos tienen la ley escrita sobre sus corazones, otros no; a unos les han sido perdonados sus pecados, a otros no. El argumento de Pratt parece despojar el Nuevo Pacto de toda novedad.

En segundo lugar, una implicación más natural de la distinción entre el cumplimiento inaugural y el cumplimiento consumado tiende a apoyar la postura bautista reformada.

En tercer lugar, Pratt usa pasajes controvertidos que admiten interpretaciones alternativas para apoyar su improbable conclusión.

En cuarto lugar, ignora los muchos pasajes (algunos citados en este libro) que confirman que, en el presente «siglo» de cumplimiento del Nuevo Pacto, solo los regenerados están en el pacto y tienen derecho a sus ordenanzas.

---

[8] Nota de los traductores: *el periodo de interadvenimiento* —El periodo entre la primera y la segunda venida de Cristo.

APÉNDICE 2

Reseña de Richard C. Barcellos al libro *La Teología del Nuevo Pacto*, escrito por Tom Wells y Fred Zaspel (Frederick, Maryland: New Covenant Media, 2002)[1]

Tom Wells y Fred Zaspel deben ser elogiados por su obra titulada {trad. no oficial} *La Teología del Nuevo Pacto: Descripción, Definición, Defensa* (en adelante, *TNP*)[2]. Es una presentación muy irénica[3] y bien documentada de la Teología del Nuevo Pacto. Estoy agradecido con los autores por proveernos un libro que hace avanzar el importante debate que hay entre los bautistas calvinistas sobre la ley y los pactos.

Mientras leía *TNP*, me enteré de algunas cosas nuevas y recordé hechos notables acerca de la Teología del Nuevo Pacto. No todos los adherentes a la Teología del Nuevo Pacto igualan el Decálogo con el Antiguo Pacto. John Reisinger sostuvo esta postura por muchos años, y dio forma a la tesis principal de su influyente obra titulada {título oficial} *Las Tablas de Piedra*[4]. Reisinger ha dado a

---

[1] Usado con permiso de la *Reformed Baptist Theological Review*.

[2] Nota de los traductores: El título original en inglés es *New Covenant Theology: Description, Definition, Defense*.

[3] Nota de los traductores: *irénica* —Es decir, *reconciliadora*.

[4] Nota de los traductores: El título original en inglés es *Tablets of Stone*.

conocer recientemente en su sitio web que ya no sostiene esta postura. También me enteré de que yo había malentendido a Fred Zaspel en mi libro {trad. no oficial} *En defensa del Decálogo* (véase *TNP*, p. 188, nota al pie n.º 263).[5] Reconozco mi error y lamento este descuidado (aunque no intencional) malentendido. Recordé que la Teología del Nuevo Pacto se basa en gran medida en una determinada interpretación de Mateo 5:17-48, especialmente del versículo 17. Por último, me enteré de algunas cosas nuevas sobre la Teología del Nuevo Pacto y su perspectiva de la naturaleza de la ley moral. Limitaré mi crítica a los siguientes temas:

- *TNP* y Mateo 5:17-48
- *TNP* y la ley moral
- *TNP* y *En defensa del Decálogo* (en adelante, *EDDD*)

Fred Zaspel analiza lo que parece ser el eje exegético de *TNP* desde el capítulo 5 hasta el 8. Su análisis gira en torno a lo que Douglas J. Moo (en la contraportada del libro) llama «el {pasaje} central de Mateo 5:17-20». Zaspel mismo lo reconoce:

> De hecho, toda la teología neotestamentaria de la ley proviene de esta declaración central de Jesús. Es de «primera importancia para intentar comprender la actitud de Jesús hacia la ley» [citando a D. A. Carson] y, en consecuencia, desarrollar una teología coherente de la ley y su relación con el cristiano. (*TNP*, p. 78)

TNP basa su análisis exegético y teológico subsiguiente en la interpretación que hace Zaspel de Mateo 5:17-20, la cual se apoya en la de D. A. Carson. Greg Welty ha escrito un análisis crítico de sus posturas titulado {trad. no oficial} *El cumplimiento escatológico y la*

---

[5] Nota de los traductores: El título original en inglés es *In Defense of the Decalogue*.

confirmación de la ley mosaica: Una respuesta a D. A. Carson y Fred Zaspel sobre Mateo 5:17-20.[6]

Welty demuestra que la interpretación que ellos hacen de πληρόω («cumplir» [Mat. 5:17]) no es plausible y que la subsecuente aplicación de este concepto a las antítesis de Mateo 5:21-48 es contradictoria. Welty argumenta —y pienso que convincentemente— que la interpretación que hace Carson de πληρόω es una novedad en el uso de Mateo. Carson alega que la enseñanza ética de Jesús cumple lo que es prefigurado en la ley de Moisés. Welty reconoce que πληρόω se refiere varias veces a la Persona o las acciones de Cristo cumpliendo las profecías del AT; pero también demuestra que πληρόω nunca se refiere a las leyes del AT siendo cumplidas por la enseñanza de Jesús, o como dice Welty: «leyes cumpliendo leyes».

La tesis de Zaspel gira en torno al significado de una sola palabra: πληρόω. Él alega que esta es «la palabra clave de todo el análisis» (*TNP*, p. 111). En el contexto de la declaración de Zaspel, «todo el análisis» se refiere también a Mateo 5:21-48. Poner tanto peso en el significado de una sola palabra es hermenéuticamente peligroso y puede ser teológicamente desastroso. Si la interpretación que hace Zaspel de πληρόω es hallada falta[7], entonces habrá que sospechar de la validez de los principales argumentos de *TNP*, ya que mucho de su análisis subsiguiente depende del significado de esta palabra.

Zaspel dice: «Con toda la promoción que Mateo da a esta palabra (*/pleroo/*), la cuestión de la definición se simplifica grandemente» (*TNP*, p. 111). Lo que sigue a esto en el libro son 8

---

[6] Disponible en: <www.ccir.ed.ac.uk/~jad/welty/carson.htm>. Nota de los traductores: El título original es *Eschatological Fulfillment and the Confirmation of Mosaic Law (A Response to D. A. Carson and Fred Zaspel on Matthew 5:17-48)*. Esta obra ya no se encuentra disponible en el enlace mencionado.

[7] Nota de los traductores: *hallada falta* —Véase Daniel 5:27.

páginas dedicadas a definir solamente esta palabra. Él concluye que πληρόω significa que «Jesús vino a realizar lo que la ley de Moisés anticipaba» (*TNP*, p. 118); y añade: «Tal y como la ley de Moisés hizo avanzar la ley que Dios había "escrito en el corazón" del hombre en la Creación, también en la enseñanza de Jesús ese avance es llevado a su plena completitud» (*TNP*, p. 118). Es interesante notar que no se proporciona ninguna exégesis que apoye esta afirmación. En este punto Zaspel sí hace referencia a uno de sus folletos en una nota a pie de página. Sin embargo, esta comprensión del avance de la ley a lo largo de la historia de la redención es un elemento tan crucial y central para la postura de *TNP* sobre la ley que hacer una referencia de paso a esto deja al lector crítico preguntándose: ¿Dónde enseña la Biblia que la ley de Moisés hizo avanzar la ley que Dios había escrito en el corazón del hombre en la Creación, en el sentido que Zaspel intenta comunicar? ¿Podría venir esto de una extrapolación al AT de la perspectiva de πληρόω que tienen los autores? Para que conste, la teología reformada enseña que la ley escrita en el corazón en la Creación fue hecha «avanzar» por la ley escrita en piedra en el Sinaí en el sentido de *claridad* y *perspicuidad*, pero no en *esencia* ni *espiritualidad*. Es la misma ley revelada de una forma diferente. El avance no es en *calidad* sino en *claridad*, debido a la presencia del pecado en el corazón del hombre. ¿No es esto lo que Jesús está haciendo en Mateo 5:17-48? Él está dejando claro lo que las enseñanzas pecaminosas de los fariseos habían oscurecido.

La comprensión que tiene *TNP* de πληρόω puede llamarse *la postura del avance escatológico*: «No es que Moisés sea dejado de lado tanto como que es "cumplido" por el avance que Jesús le dio» (*TNP*, p. 87). Este concepto de avance escatológico se aplica entonces a las antítesis de Mateo 5:17-48. Cuando Zaspel examina las antítesis, encuentra varios matices de avance escatológico:

1. Mateo 5:21-22, «algún tipo de avance [...] ampliación o adición» (*TNP*, p. 105);
2. Mateo 5:27-28, «avance de algún tipo» (*TNP*, p. 105);
3. Mateo 5:31-32, «otro avance [...] se hace más estricto [...] una abrogación» (*TNP*, p. 106);
4. Mateo 5:33-34, «obsoleto» (*TNP*, p. 106);
5. Mateo 5:38-39, «aunque Jesús no puede derogar la *lex* [ley] formalmente, Él puede restringir su uso severamente» (*TNP*, p. 107);
6. Mateo 5:43-44, «Jesús amplía lo que exige la ley. En resumen, Jesús exige más que Moisés» (*TNP*, p. 107).

Zaspel afirma que la postura que entiende que Jesús está corrigiendo la casuística farisaica no encaja con las pruebas (*TNP*, p. 108). Según Zaspel, las antítesis no están contrastando la enseñanza farisaica con la ley de Moisés, sino la ley de Moisés (en su esencia) con la ley de Cristo, ilustrando así su comprensión de πληρόω. Zaspel concluye su análisis de las antítesis con estas palabras:

> ... parece que Jesús: [1] reclama una autoridad superior a la de Moisés; y [2] ejerce esa autoridad llevando la ley de Moisés hasta donde mejor le parece. En algunos casos, deja intacto el mandamiento específico (# 1 y 2)[8]. En otros casos, amplía la enseñanza del mandamiento dado originalmente o la hace avanzar de alguna otra manera (# 1, 2, 3[?], 6). Sin embargo, en otros casos, parece rescindir la legislación original (# 3, 4), o al menos restringirla (# 5). (*TNP*, p. 108)

En el contexto de la Ética, πληρόω se refiere a la obediencia y el respeto a la ley como ha sido establecida (comp. con Rom. 8:3; 13:8-10). En ninguna otra parte del NT vemos el fenómeno del avance escatológico como exige la interpretación de Zaspel. Si la ley de Cristo es todos los mandamientos del NT sumados a aquellas

---

[8] Nota de los traductores: Véase la lista anterior reproducida por el presente autor.

cosas del AT «que son leyes morales a la luz del NT», como afirma Wells (*TNP*, p. 75), y si la ley de Cristo fue anticipada por la ley de Moisés y avanzó más allá de esta, entonces ¿por qué no vemos este fenómeno en el resto del NT? De hecho, lo que vemos son citas textuales de la misma ley que supuestamente fue hecha avanzar, y sin matizaciones (Efe. 6:2-3; Stg. 2:8-11). Parece que *TNP* confunde la ley moral con la ley positiva (véase más adelante).

La comprensión que tiene Zaspel de πληρόω en Mateo 5:17 es una novedad en el uso de Mateo, complica las antítesis innecesariamente y no encuentra apoyo en otros contextos del NT que son relevantes para la Ética donde se usa esta palabra para referirse a la ley y su cumplimiento en el Nuevo Pacto.

Al analizar la ley moral, Wells dice: «Cualquier cosa que sea moral ata a todos los hombres en todo tiempo» (*TNP*, p. 176, nota al pie n.° 253). Con esto estoy de acuerdo. Sin embargo, él dice en la página siguiente: «Por tanto, no debemos hacer que Cristo luzca y suene mucho como Moisés en Su enfoque de la ley moral» (*TNP*, p. 177). Encuentro difícil, si no imposible, reconciliar esto con su afirmación anterior sobre la universalidad de la ley moral. Wells define la ley moral de la siguiente manera:

> La ley moral es la ley que tiene su origen en el carácter moral inmutable de Dios y, como resultado, es intrínsecamente justa y, por tanto, ata a todos los hombres de todas las épocas y lugares a los que llega. (*TNP*, p. 162)

Wells añade: «la ley moral se encuentra en todo lugar donde haya una revelación del carácter moral de Dios» (*TNP*, p. 162). Pero luego pregunta: «¿Es progresiva la revelación del carácter de Dios?» (*TNP*, p. 162). Procede a basar la ley moral en la naturaleza progresiva de la revelación especial. Puesto que Dios revela Su carácter progresivamente en la Biblia, la ley moral se revela progresivamente. En otras palabras, defiende un concepto dinámico de la ley moral. De hecho, afirma incluso que no conoceremos *la ley moral* hasta que estemos en el estado eterno (*TNP*, pp. 164, 166). ¿No es esto un tanto especulativo? Sin embargo, la teología reformada basa su comprensión de la ley moral en la creación *imago Dei*. Cuando Dios hizo a Adán, lo hizo para que fuera como Él mismo, para que reflejara Sus atributos comunicables. La creación *imago Dei* implica que el hombre ya tiene escrita la ley de Dios en el corazón (Rom. 1-2). Es esa ley la que se basa en el carácter de Dios.

En otra parte, Wells dice que «toda ley que vino de Dios, vino con fuerza moral» (*TNP*, p. 164). Parece que basa la ley moral en la voluntad de Dios *y en* Su carácter inmutable. No hace distinción alguna entre la ley positiva y la ley moral. La ley positiva incluye cualquier ley que se añada a la ley natural (es decir, la ley de la Creación o ley moral), por causa de la entrada del pecado, se basa en la voluntad de Dios, y llega al hombre mediante la revelación especial (es decir, la Escritura). La ley moral se basa en la creación *imago Dei* y en la naturaleza inmutable de Dios, y llega al hombre mediante la revelación general y, debido a la entrada del pecado, mediante la Escritura. La ley positiva es dinámica a lo largo de la historia de la redención; la ley moral es estática. Al parecer, Wells transmite la comprensión que tiene Zaspel de πληρόω a su propio análisis de la ley moral. Esto tiene implicaciones perjudiciales para la identidad de la ley escrita en el corazón (es decir, la ley natural), la base del Pacto de Obras, la perpetuidad de la ley moral, el día de reposo y la imputación de la justicia.

En el prefacio, los autores declaran que «lo que motivó la redacción de este volumen fue la publicación de un libro que contiene un ataque (entre amigos, pero serio) contra TNP» (*TNP*, p. 1). Por supuesto, se están refiriendo a mi libro. Aunque prefirieron no interactuar con mi libro en todos sus frentes, algo por lo que no los culpo, me alegró ver que le dedicaron una interacción específica en los capítulos 11 y 12. Sin embargo, me dejó bastante perplejo que no lidiaran en profundidad alguna con

Jeremías 31:31-34 ni con mi exposición de este pasaje. Wells hace una desestimación un tanto displicente de mi interpretación y después hace una declaración muy confusa diciendo: «Barcellos argumenta extensamente que la ley en Jeremías 31:33 es el Decálogo (pp. 16-24). Sospecho que esto es demasiado limitante y que la ley allí se refiere a toda la ley mosaica» (*TNP*, p. 170, nota al pie n.º 246). Yo esperaría que dijera que mi postura es demasiado limitante, pero no que insinuara que Jeremías quería decir que Dios escribiría *toda la ley mosaica* sobre los corazones de los santos del Nuevo Pacto. Esto parece contradecir la tesis principal del argumento de Zaspel basado en Mateo 5:17; a menos que, por supuesto, se extrapole el argumento de Zaspel a Jeremías. Esto parece un poco forzado hermenéuticamente hablando.

Jeremías 31:31-34 y sus testigos probatorios neotestamentarios son fundamentales para los asuntos en cuestión. El texto de Jeremías habla tanto del Nuevo Pacto como de la ley. Por eso deberíamos esperar que este texto recibiera mayor atención exegética en un libro que lleva por título {trad. no oficial} *La Teología del **Nuevo Pacto***. De hecho, aunque el pasaje bíblico central de todo su libro (Mat. 5:17) habla de la ley, no habla del Nuevo Pacto, al menos explícitamente. Según la hermenéutica, siempre es más seguro comenzar con las palabras explícitas de la Escritura que conciernen a los asuntos en cuestión. La metodología teológica de *TNP* debería mejorar en este punto, ya que no tiene una base hermenéutica y exegética sólida.

Al analizar mi exposición de Mateo 5:17-20, Wells dice:

> Sospecho que aquí nuestro autor ha confundido la postura de *TNP* con algunas posturas del dispensacionalismo clásico [...]. Sin embargo, Barcellos no debe atribuir estas cosas a *TNP* como parece hacerlo al repetir las palabras «esta postura» en las páginas 62-63. (*TNP*, p. 200)

Para que conste, me refería al antiguo dispensacionalismo con la frase «esta postura».

Al analizar mi exposición de 1 Timoteo 1:8-11, Wells hace varias observaciones y expresa varios desacuerdos (*TNP*, pp. 190-199). Animo al lector a leer mi artículo[9], que ha sido editado y ampliado considerablemente desde la publicación del libro.

En un apéndice titulado {trad. no oficial} «John Bunyan y el día de reposo de la Creación»[10], Zaspel cita extensamente a Bunyan (*TNP*, pp. 293-294). No se da ninguna explicación sobre lo que se está argumentando en la cita. Hace un prefacio a las palabras de Bunyan diciendo: «Bunyan respondió de una manera más completa». Lo que no se nos dice es el contexto y la razón por la que Bunyan dice lo que dice. La cita en cuestión aparece bajo el siguiente subtítulo:

> *En cuanto a que el hombre debía guardarlo santo, ¿fue dado a conocer o impuesto alguna vez el día de reposo en el séptimo día por un precepto positivo al hombre hasta el tiempo de Moisés (quien vino alrededor de 2000 años después de Adán)?*[11]

El título completo del tratado de Bunyan es {trad. no oficial} *Preguntas sobre la naturaleza y perpetuidad del día de reposo en el séptimo día, y pruebas de que el primer día de la semana es el verdadero día de reposo cristiano*[12].

---

[9] Véase *Reformed Baptist Theological Review*, I:1 (enero de 2004).

[10] Nota de los traductores: El título original en inglés es «John Bunyan on the Creation Sabbath».

[11] John Bunyan, «Whether the seventh day Sabbath, as to man's keeping of it holy, was ever made known to, or imposed by, a positive precept upon him until the time of Moses? which from Adam was about two thousand years», en *Questions about the Nature and Perpetuity of the Seventh-Day Sabbath and Proof that the First Day of the Week is the True Christian Sabbath*, en *The Works of John Bunyan* (Carlisle, Pensilvania: The Banner of Truth Trust, 1991), 2:363.

[12] John Bunyan, *The Works of John Bunyan*, 2:359.

En *EDDD* me propuse demostrar que Bunyan estaba argumentando en contra de la perpetuidad del día de reposo *en el séptimo día* desde la Creación hasta la consumación (*EDDD*, pp. 100-107). Había citado extensamente a Bunyan para probar que él no creía que el día de reposo *en el séptimo día* fuera moral, sino que «un día de reposo para santa adoración es lo moral»[13]. En otra parte, Bunyan dice: «es evidente que la sustancia[14] de los Diez Mandamientos fue dada a Adán y a su posteridad»[15]. Es muy obvio que Bunyan sostenía que el día de reposo, como ley moral, precedía a las tablas de piedra; pero que el día de reposo *en el séptimo día* había comenzado con las leyes positivas que acompañaban al Antiguo Pacto. No tengo claro qué estaba tratando de demostrar Zaspel con este apéndice. Si estaba intentando probar que Bunyan no creía que el día de reposo *en el séptimo día* precediera a Moisés, entonces estoy de acuerdo con él. Si lo que estaba intentando probar era que Bunyan no creía que el día de reposo es ley moral y que el origen del día de reposo no se remonta a la Creación, entonces estoy en desacuerdo con él.

Mientras leía *TNP*, recordé que el tema del día de reposo no es lo único en lo que diferimos. Los adherentes a la Teología del Nuevo Pacto a menudo promocionan con insistencia que esta es la única diferencia entre nosotros. Leer *TNP* me convenció de que, aunque diferimos en cuanto al día de reposo, nuestras diferencias son mucho más profundas y no se limitan a este tema solamente. Esas otras diferencias son exegéticas, teológicas e históricas. Por lo tanto, es incorrecto que quienes están a uno u otro lado de este asunto afirmen que el día de reposo es el único tema que nos divide.

Me gustaría concluir con un tono positivo. Por varias circunstancias he llegado a conocer a Tom Wells a nivel personal y

---

[13] John Bunyan, *The Works of John Bunyan*, 2:361.

[14] Nota de los traductores: *la sustancia* —O *la esencia*.

[15] John Bunyan, *The Works of John Bunyan*, 1:499.

lo considero un querido y grandemente estimado hermano en el Señor. Hemos tenido varios intercambios amistosos, desafiantes y edificantes mediante correo electrónico y conversaciones telefónicas. Estoy seguro de que ocurriría lo mismo con muchos otros adherentes a la Teología del Nuevo Pacto, y confío en que esta reseña sea interpretada como una crítica constructiva de parte de un amigo y hermano que discrepa.

APÉNDICE 3

Los dos Israeles[1]

(Lucas 21:20-27; Gálatas 6:15-16)

Prefacio

Vuestros pastores consideran que los mensajes que preceden a nuestras dos reuniones semestrales tienen un significado especial. Nuestras reuniones semestrales y los mensajes que las preceden nos dan la oportunidad de decir cosas un par de veces al año que parecen particularmente relevantes para la sociedad religiosa local que llamamos Grace Reformed Baptist Church {en adelante, GRBC}. Esta es la luz bajo la que he estado pensando en este mensaje; por eso les predicaré esta tarde sobre «los dos Israeles».

Admito que este tema puede parecer extraño y oscuro a primera vista. No los culparía por pensar que es un tema infrecuente para esta ocasión. Ciertamente este mensaje es muy diferente del memorable sermón del pastor Ben en nuestra última reunión anual, que incluía esas seis cosas importantes por las que debíamos orar. Pero ¿«los dos Israeles»? ¿Qué hay con este tema? ¿Por qué es oportuno para la GRBC?

---

[1] Nota de los traductores: Sermón predicado por el Dr. Sam Waldron el 10 de diciembre de 2023 en la iglesia Grace Reformed Baptist Church en Owensboro, KY, EE.UU.

Bueno, en los próximos minutos espero mostrarles por qué lo es y cuál es mi postura. He dicho «los dos Israeles»; por tanto, quizá no les sorprenda que tenga dos textos para este sermón. En unos minutos les mostraré el segundo pasaje, pero el primero es Lucas 21:20-27:

> (20) Pero cuando veáis a Jerusalén rodeada de ejércitos, sabed entonces que su desolación está cerca. (21) Entonces los que estén en Judea, huyan a los montes, y los que estén en medio de la ciudad, aléjense; y los que estén en los campos, no entren en ella; (22) porque estos son días de venganza, para que se cumplan todas las cosas que están escritas. (23) ¡Ay de las que estén encinta y de las que estén criando en aquellos días! Porque habrá una gran calamidad sobre la tierra, e ira para este pueblo; (24) y caerán a filo de espada, y serán llevados cautivos a todas las naciones; y Jerusalén será hollada por los gentiles, hasta que los tiempos de los gentiles se cumplan. (25) Y habrá señales en el sol, en la luna y en las estrellas, y sobre la tierra, angustia entre las naciones, perplejas a causa del rugido del mar y de las olas, (26) desfalleciendo los hombres por el temor y la expectación de las cosas que vendrán sobre el mundo; porque las potencias de los cielos serán sacudidas. (27) Y entonces verán AL HIJO DEL HOMBRE QUE VIENE EN UNA NUBE con poder y gran gloria.

Introducción:

Puesto que he hablado de dos Israeles, no los tomará por sorpresa que les diga que este mensaje tiene dos puntos, a saber:

I. El antiguo y maldecido Israel
II. El nuevo y bendito Israel

I. El antiguo y maldecido Israel

Es evidente que este es el antiguo Israel sobre el que leemos en Lucas 21. Por supuesto, el texto citado fue tomado de la versión registrada por Lucas de las palabras del Señor en el monte de los Olivos. En este tratado Jesús predice el derrocamiento de la nación judía, la destrucción de Jerusalén y la desolación del templo.

Tales predicciones llenaban cualquier corazón judío de una mezcla de pavor y curiosidad. Por eso los discípulos de Jesús preguntan temerosos al respecto en Lucas 21:7: «Y le preguntaron, diciendo: Maestro, ¿cuándo sucederá esto, y qué señal habrá cuando estas cosas vayan a suceder?». Las palabras que hemos citado son la parte final de la respuesta de Jesús a sus ansiosas preguntas.

¿Qué predicen? Que Jerusalén será rodeada de ejércitos, que el pueblo judío caerá a filo de espada, que Jerusalén será tomada y subyugada por los gentiles, y que para librarse de estos acontecimientos los creyentes tendrán que huir para salvar sus vidas de la ciudad condenada.

Pero eso no es todo lo que predicen. Jesús profetiza además que el pueblo judío seguirá experimentando problemas y tribulaciones después de aquella terrible destrucción inicial de Jerusalén. Serán llevados cautivos a todas las naciones hasta que se cumplan los tiempos de los gentiles. El pasaje sugiere con claridad que los tiempos de los gentiles solo cesarán con la segunda venida de Cristo en gloria.

Pero Jesús también revela a Sus discípulos la espantosa razón de esta destrucción. Llama a estos tiempos «días de venganza». Habla de «ira contra este pueblo». Se nos recuerda enérgicamente que todos estos acontecimientos no eran la prueba de que Dios se había olvidado de Israel, sino más bien que, contra ellos, Él se había acordado de sus pecados e iniquidades. Este es el cumplimiento de las terribles palabras de Jesús en Mateo 23:34-38:

(34) Por tanto, mirad, yo os envío profetas, sabios y escribas: de ellos, a unos los mataréis y crucificaréis, y a otros los azotaréis en vuestras sinagogas y los perseguiréis de ciudad en ciudad, (35) para que recaiga sobre vosotros la culpa de toda la sangre justa derramada sobre la tierra, desde la sangre del justo Abel hasta la sangre de Zacarías, hijo de Berequías, a quien asesinasteis entre el templo y el altar. (36) En verdad os digo que todo esto vendrá sobre esta generación. (37) ¡Jerusalén, Jerusalén, la que mata a los profetas y

apedrea a los que son enviados a ella! ¡Cuántas veces quise juntar a tus hijos, como la gallina junta sus pollitos debajo de sus alas, y no quisiste! (38) He aquí, vuestra casa se os deja desierta.

Sí, el Dios de Israel estaba recordando todos sus pecados, especialmente su principal pecado, del cual los apóstoles del Cordero les predicaron con poder condenatorio una y otra vez: Que habían crucificado al Hijo de Dios, su Mesías:

a éste, entregado por el plan predeterminado y el previo conocimiento de Dios, clavasteis en una cruz por manos de impíos y le matasteis. (Hch. 2:23)

El Dios de Abraham, de Isaac y de Jacob, el Dios de nuestros padres, ha glorificado a su siervo Jesús, al que vosotros entregasteis y repudiasteis en presencia de Pilato, cuando éste había resuelto ponerle en libertad. Mas vosotros repudiasteis al Santo y Justo, y pedisteis que se os concediera un asesino, y disteis muerte al Autor de la vida, al que Dios resucitó de entre los muertos, de lo cual nosotros somos testigos. (Hch. 3:13-15)

Solo el arrepentimiento para con Dios y la fe en el Señor Jesucristo podrían salvar a un judío de la condena ya pronunciada por Jesús sobre la nación judía maldita. Solo eso podría salvarlos del terrible destino del que habla Pablo:

Pues vosotros, hermanos, vinisteis a ser imitadores de las iglesias de Dios en Cristo Jesús que están en Judea, porque también vosotros padecisteis los mismos sufrimientos a manos de vuestros propios compatriotas, tal como ellos padecieron a manos de los judíos, los cuales mataron tanto al Señor Jesús como a los profetas, y a nosotros nos expulsaron, y no agradan a Dios sino que son contrarios a todos los hombres, impidiéndonos hablar a los gentiles para que se salven, con el resultado de que siempre llenan la medida de sus pecados. Pero la ira ha venido sobre ellos hasta el extremo. (1 Tes. 2:14-16)

El lenguaje de Pablo es espantoso. Alude a las palabras de Jesús diciendo que la generación de judíos que vivían en aquel entonces había llenado la copa de sus pecados. Dice que la ira ha venido sobre ellos hasta el fin. La palabra griega es /telos/. Sí, como dijo Jesús, un rechazo definitivo y eterno de la nación judía había sido decretado por el Dios a Cuyo Hijo ellos habían asesinado.

Este es el pronunciamiento del juicio contra el antiguo Israel. Fueron maldecidos por sus pecados. Pero, por supuesto, este tema suscita muchas preguntas, especialmente en el contexto de las circunstancias actuales en Oriente Medio. He aquí mi respuesta a algunas de esas preguntas:

¿Qué deberíamos pensar de la situación espiritual de la nación judía?

Sin Cristo están tan perdidos como cualquier nación gentil. No son semicristianos ni casicristianos de alguna manera. Si manifiestan el rechazo de sus padres a Cristo, heredan la maldición de Dios que sus padres trajeron sobre sí mismos.

¿Cómo debería afectar este decreto de juicio la forma en que nos sentimos acerca del pueblo judío y lo tratamos?

Para preguntarlo de otra manera, ¿es este decreto de juicio una excusa para el antisemitismo? ¡NO, EN LO ABSOLUTO! Antes bien, sigue siendo nuestro deber amar a nuestros prójimos judíos como a nosotros mismos. Sí, y recuerden que, a pesar de que Pablo comprendía el decreto de Dios, y a pesar de su pronunciamiento de que el juicio de Dios había venido sobre ellos hasta el extremo, seguía anhelando y esforzándose por la salvación de sus hermanos judíos:

> Digo la verdad en Cristo, no miento, dándome testimonio mi conciencia en el Espíritu Santo, de que tengo gran tristeza y continuo dolor en mi corazón. Porque desearía yo mismo ser anatema, separado de Cristo por amor a mis hermanos, mis parientes según la carne. (Rom. 9:1-3)

> Hermanos, el deseo de mi corazón y mi oración a Dios por ellos es para su salvación. (Rom. 10:1)

Pero puede que esto lo confunda. ¿Se pregunta cómo estas dos cosas son coherentes? ¿Cómo podemos saber que Dios ha decretado la continua tribulación de la nación judía, pero al mismo tiempo, este conocimiento no nos convierte en feroces antisemitas? Sí convirtió en antisemitas a algunos que se hacían llamar cristianos en siglos pasados. ¿Por qué está tan mal que hayan sido antisemitas?

Esta dificultad debe ser resuelta por un principio fundamental de la teología cristiana que debemos recordar. Debemos recordar cuidadosamente que el decreto de Dios no es y nunca ha sido la regla de nuestro deber. Dios decretó la muerte de Su Hijo, pero esto no cambió Su precepto de que el asesinato es malvado; no eximió de culpa a los que crucificaron a Su Hijo; no hizo a Sus asesinos menos malvados.

El decreto de Dios no cambió *el amor de Pablo* por sus compatriotas ni el deseo de Dios por su salvación. Tampoco debe cambiar *nuestro amor* por ellos; y, si se me permite, no debe dictar nuestras normas o nuestra política hacia la nación llamada Israel en su presente aflicción.

Pero quizá se esté haciendo otra pregunta relacionada:

Si la ira de Dios ha venido contra la nación judía hasta el fin, ¿hay alguna esperanza para la evangelización a los judíos?

Sí, y he aquí la razón. Pablo nos dice en Romanos 11 que su endurecimiento en el pecado no es total sino parcial. Independientemente de lo que Romanos 11 diga o deje de decir sobre los judíos —y ciertamente no voy a profundizar en ese pasaje esta noche—, sí dice que un remanente de judíos no está endurecido y que, en cada generación, un remanente de judíos será salvo. Escuchen a Pablo:

> Digo entonces: ¿Acaso ha desechado Dios a su pueblo? ¡De ningún modo! Porque yo también soy israelita, descendiente de Abraham,

de la tribu de Benjamín. Dios no ha desechado a su pueblo, al cual conoció con anterioridad. ¿O no sabéis lo que dice la Escritura en el pasaje sobre Elías, cómo suplica a Dios contra Israel: Señor, HAN DADO MUERTE A TUS PROFETAS, HAN DERRIBADO TUS ALTARES; Y YO SOLO HE QUEDADO Y ATENTAN CONTRA MI VIDA? Pero, ¿qué le dice la respuesta divina?: Me HE RESERVADO SIETE MIL HOMBRES QUE NO HAN DOBLADO LA RODILLA A BAAL. Y de la misma manera, también ha quedado en el tiempo presente un remanente conforme a la elección de la gracia de Dios. (Rom. 11:1-5)

Porque no quiero, hermanos, que ignoréis este misterio, para que no seáis sabios en vuestra propia opinión: que a Israel le ha acontecido un endurecimiento parcial hasta que haya entrado la plenitud de los gentiles. (Rom. 11:25)

Sí, deberíamos apoyar la evangelización a los judíos. Deberíamos apoyarla con el aliento de que Dios aún se propone la salvación de un remanente de judíos conforme a la elección de la gracia.

Por último, quizá se pregunte: ¿Cree este predicador que los acontecimientos que se están produciendo en estos momentos en Oriente Medio son el cumplimiento de las profecías?

Sí, así es. No en el sentido que dirían muchos fanáticos de las profecías. No significa que la gran tribulación esté justo a la vuelta de la esquina, ni que algún rapto secreto esté a punto de ocurrir, ni que el Armagedón esté a punto de estallar en Palestina.

Pero sí creo que estamos contemplando el cumplimiento de las profecías. Lo estamos viendo en el sentido de que estos acontecimientos siguen cumpliendo la predicción de pruebas, problemas y desastres para la nación judía durante toda la edad del evangelio. Ahora bien, recuerden lo que he dicho: Esto no debería cambiar nuestro amor por los judíos y el deseo de su salvación. ¡Ciertamente no debería convertirnos en simpatizantes de Hamás! ¡Esto sería horroroso! Pero sí creo que está claro que los acontecimientos actuales se hacen eco de, y cumplen, las palabras de Jesús y de Pablo de que la ira ha venido *sobre el antiguo Israel hasta el fin*. Por tanto, estamos siendo testigos de cómo se están cumpliendo las profecías ante nuestros ojos en Oriente Medio. Sí, la profecía de Jesús sigue cumpliéndose.

Pero esta difícil y terrible profecía y perspectiva no es todo lo que la Biblia dice sobre Israel. No solo está el antiguo y maldecido Israel, también está

II. El nuevo y bendito Israel

Por favor, vayan a mi segundo texto para esta noche. Es Gálatas 6:15-16: «Porque ni la circuncisión es nada, ni la incircuncisión, sino una nueva creación. Y a los que anden conforme a esta regla, paz y misericordia sea sobre ellos y sobre el Israel de Dios».

Es obvio que este pasaje nos presenta una perspectiva mucho más agradable y mejor para Israel que la que hemos visto en Lucas 21. Habla de un nuevo y bendito Israel al que Pablo llama «el Israel de Dios».

Pero ¿quién es este Israel de Dios? Tal vez supusieron que Pablo se refiere a la Iglesia como el Israel de Dios. En mi opinión, supusieron correctamente. Recuerdan bien muchos textos que parecen enseñar claramente lo mismo:

> sino que es judío el que lo es interiormente, y la circuncisión es la del corazón, por el Espíritu, no por la letra; la alabanza del cual no procede de los hombres, sino de Dios. (Rom. 2:29)

> porque nosotros somos la verdadera circuncisión, que adoramos en el Espíritu de Dios y nos gloriamos en Cristo Jesús, no poniendo la confianza en la carne. (Flp. 3:3)

> Y si sois de Cristo, entonces sois descendencia de Abraham, herederos según la promesa. (Gál. 3:29)

> Y vosotros, hermanos, como Isaac, sois hijos de la promesa. (Gál. 4:28)

Sin embargo, tristemente, hay cristianos a nuestro alrededor a quienes les cuesta mucho admitir que «el Israel de Dios» aquí es la Iglesia. Su opinión es que esta frase solo incluye a los miembros físicamente circuncidados de la Iglesia, es decir, a los miembros étnica o físicamente judíos de la Iglesia. Tienen sus razones para afirmarlo, pero solo puedo decir que, a la luz de la clara enseñanza de la Biblia, sus razones son inadecuadas, y sus conclusiones erróneas.

Iré incluso más lejos y diré que, dado todo el tenor de la *Epístola a los Gálatas*, el hecho de que limiten «el Israel de Dios» a los cristianos físicamente judíos es francamente imposible. Permítanme enumerarles solo algunas pruebas que me hacen decir esto:

- ¿No dice Pablo en este mismo pasaje que ni la circuncisión es nada, ni la incircuncisión, sino solo una nueva creación? Justo después de haber dicho esto, ¿insinuará ahora que la circuncisión es necesaria para formar parte del Israel de Dios? ¡Imposible!
- En Gálatas 5:6 dijo: «Porque en Cristo Jesús ni la circuncisión ni la incircuncisión significan nada, sino la fe que obra por amor»? Habiendo dicho esto, ¿supondrá ahora que la circuncisión física es necesaria para formar parte del Israel de Dios? ¡Imposible!
- ¿Dice que los cristianos gentiles a quienes escribía son descendencia de Abraham e hijos de la promesa? Sí, lo dice en Gálatas 3:29 y 4:28, ¿y negará ahora que son «el Israel de Dios»? ¡Imposible!

¡Digan no a esta extraña idea! El Israel de Dios se compone de todos los que caminan según la regla de que «ni la circuncisión es nada, ni la incircuncisión, sino una nueva creación». Es claramente todos los cristianos y solo los cristianos. La conclusión debe ser que el Israel de Dios es la Iglesia de Jesucristo… en su totalidad. Y esto deja claro que aquí tenemos un nuevo y bendito Israel.

¿Cuál es la aplicación práctica de todo esto para nosotros?

¿Qué significa para nosotros que la Iglesia sea el Israel de Dios, que ustedes sean el Israel de Dios? ¿Por qué se los estoy recordando esta noche? Porque es enormemente importante señalar, recordar y aprovechar las misericordias de Dios para con nosotros como el Israel de Dios.

No darse cuenta de las misericordias de Dios es como el hombre que conduce una vieja camioneta que se avería constantemente. Siempre lo está dejando en todo tipo de situaciones difíciles y frustrantes. Tal vez lo deje varado en lo profundo del bosque mientras está cazando. Pero ese mismo hombre tiene 5 millones de dólares en su banco e inversiones. Podría salir mañana y arreglar todas sus frustraciones comprándose una nueva camioneta solo con los intereses que ganaría con ese dinero en el mes siguiente. Pero es un viejo avaro y no gastará el dinero.

Somos peores que ese viejo avaro si olvidamos que somos el Israel de Dios y no aprovechamos esta maravillosa realidad. Tenemos dinero en el banco celestial; y Dios quiere que se lo pidamos. Si no recordamos que tenemos todas las misericordias y todas las promesas que pertenecen al Israel de Dios, estamos siendo tan necios como el viejo tacaño del que he hablado.

Pero he aquí mi punto. Todas nuestras misericordias y toda la bondad de Dios para con nosotros se deben a nuestra identidad como el Israel de Dios. Sin embargo, esto nos plantea con insistencia la pregunta crucial: ¿Qué significa ser el Israel de Dios?

¡Significa ser alguien que ha pasado de ser un Jacob a ser alguien a quien Dios mismo ha nombrado Israel! ¿Recuerdan el origen del nombre *Israel*? Fue en aquella noche oscura en la que Jacob luchó con el ángel de Dios cuando fue renombrado Israel. Jacob el engañador, el suplantador, el que anda agarrándose de los talones de los demás fue llamado Israel. ¿Y recuerdan lo que significa *Israel*?

¡Significa *el príncipe vencedor de Dios*! El diccionario Easton comenta que Israel fue

> El nombre que el ángel de Jehová dio a Jacob después de que Jacob venció y ganó la bendición luchando: «porque has luchado con Dios y con los hombres, y has prevalecido» (Gén. 32:26-28; Ose. 12:4). *Sara* y *Sur* también significan *ser príncipe*. La KJV combina ambos significados: «como príncipe has luchado con Dios y con los hombres»[2]…

Este significado de *Israel* nos lleva a un par de observaciones prácticas que son importantes para todos nosotros:

¡Ser Israel significa ser uno de los príncipes y princesas de Dios! Significa ser alguien a quien Dios considera puesto en alto y precioso entre los hombres. Querido cristiano, nunca dudes de lo que Dios piensa de ti y Su disposición hacia ti. Eres realeza para Él: puesto en alto, estimado y precioso. Sí, confiesa tus pecados y faltas, pero no dudes del perdón de Dios y del lugar que tienes para presentarte ante Él como el hijo o la hija del Rey.

Ser Israel significa ser alguien cuyas oraciones Dios escucha. El que se llamaba Jacob y se convirtió en Israel prevaleció ante Dios en oración. Por eso leemos que Dios nunca dijo a la descendencia de Jacob que oraran de tal manera que resultara en vano. Isaías 45:19 {RVA 2015} dice:

> «Yo no he hablado en secreto, en un lugar de tierra tenebrosa. No he dicho a la generación de Jacob: "Búsquenme en vano". Yo soy el SEÑOR, que hablo lo que es justo y que declaro lo que es recto».

No es en vano que Jacob (renombrado *Israel*) ore. Pero ¿por qué Jacob no ora en vano? ¿Por qué sus oraciones son poderosas ante Dios? ¡Es porque Jacob se ha convertido en el Israel de Dios! El Israel de Dios prevalece ante el Dios de Israel.

---

[2] Nota de los traductores: Esto es una traducción al español de la versión inglesa KJV en Génesis 32:28.

Pero puede que me pregunten algo a manera de objeción a esta aplicación: —*¿No crees que Dios a veces responde nuestras oraciones con un no?* Eso es cierto; pero es una clase peculiar de no. Es un tipo de no que en realidad es una especie de sí. ¿Qué quiero decir? Siempre que Él dice no a nuestras oraciones, está diciéndose a Sí mismo y a nosotros: —*¡Tengo en mente algo mejor que lo que pediste!*

Pero esta alentadora realidad de ser el Israel de Dios no es aplicable solamente a cada cristiano, sino también y aún más claramente a las iglesias que componen la nación santa de Dios. Ciertamente creo que es aplicable a nuestra propia iglesia. ¿No nos ha tratado Dios durante el último año y desde la última vez que nos reunimos en una de nuestras reuniones semestrales de asuntos de la iglesia como Su Israel, el Israel de Dios? ¿No nos ha dado a Sus regios hijos un palacio en el que reunirnos? ¿No ha hecho Él todo esto por nosotros sin añadir tristeza a nuestras bendiciones como iglesia? Quiero decir, ¡Él ha respondido nuestras oraciones por unidad continua y creciente! ¿No ha respondido Él nuestras oraciones por crecimiento y utilidad como iglesia? ¿No podemos decir hasta cierto punto —como dice el profeta—: «¿Quién me ha engendrado éstos?» (Isa. 49:21)? ¿No corremos el peligro de decir quizás en un día no muy lejano: «El lugar es muy estrecho para mí; hazme sitio…» (Isa. 49:20)?

Sí, creo que con todas nuestras tristezas (y especialmente para algunos de ustedes, estas son ahora mismo reales y profundas), tenemos motivos y necesidad de reconocernos como el Israel de Dios. E incluso con respecto a esas tristezas profundas y reales que tenemos entre nosotros, ¡¿acaso el hecho de que somos Israel, vencedores y príncipes ante Dios, no nos da razones para orar con esperanza por el gozo en la mañana que promete la misericordia de Dios?! Alábenlo porque no somos el antiguo y maldecido Israel, sino el nuevo y bendito Israel; y oren a Dios con la confianza que ese hecho debería infundirles.

APÉNDICE 4

La ciudadanía de Israel[1]

(Efesios 2:11-19)

Prefacio

Para convertirse en ciudadanos, las personas que emigran a Estados Unidos deben naturalizarse. Es decir, deben ser aceptados y establecidos formalmente como ciudadanos con todos los derechos y franquicias que tienen los ciudadanos. Esto se hace prestando un juramento de lealtad a los Estados Unidos de América. Lo anterior nos recuerda un tema en las Escrituras: «no ser pueblo/ahora ser pueblo»:

Como también dice en Oseas:

A LOS QUE NO ERAN MI PUEBLO, LLAMARÉ: «PUEBLO MÍO»,
Y A LA QUE NO ERA AMADA: «AMADA mía».

Y ACONTECERÁ QUE EN EL LUGAR DONDE LES FUE DICHO: «VOSOTROS NO SOIS MI PUEBLO»,
ALLÍ SERÁN LLAMADOS HIJOS DEL DIOS VIVIENTE.

Pablo habla de este proceso en Efesios 2:11-19. Allí afirma que los gentiles a los que escribe se han convertido en el pueblo de Dios y, por tanto, en ciudadanos de Israel. También da a entender que

---

[1] Nota de los traductores: Sermón predicado por el Dr. Sam Waldron el 17 de diciembre de 2023 en la iglesia Grace Reformed Baptist Church en Owensboro, KY, EE.UU.

muchos de los que reclamaban el nombre del Israel de Dios solo se hacían llamar judíos. Vayan a ese pasaje y sígame mientras lo leo.

> Recordad, pues, que en otro tiempo vosotros los gentiles en la carne, llamados incircuncisión por la tal llamada circuncisión, hecha por manos en la carne, recordad que en ese tiempo estabais separados de Cristo, excluidos de la ciudadanía de Israel, extraños a los pactos de la promesa, sin tener esperanza, y sin Dios en el mundo. Pero ahora en Cristo Jesús, vosotros, que en otro tiempo estabais lejos, habéis sido acercados por la sangre de Cristo. Porque Él mismo es nuestra paz, quien de ambos pueblos hizo uno, derribando la pared intermedia de separación, aboliendo en su carne la enemistad, la ley de los mandamientos expresados en ordenanzas, para crear en sí mismo de los dos un nuevo hombre, estableciendo así la paz, y para reconciliar con Dios a los dos en un cuerpo por medio de la cruz, habiendo dado muerte en ella a la enemistad. Y VINO Y ANUNCIÓ PAZ A VOSOTROS QUE ESTABAIS LEJOS, Y PAZ A LOS QUE ESTABAN CERCA; porque por medio de Él los unos y los otros tenemos nuestra entrada al Padre en un mismo Espíritu. Así pues, ya no sois extranjeros ni advenedizos, sino que sois conciudadanos de los santos y sois de la familia de Dios.

Mi tema general esta noche es «la ciudadanía de Israel». Recordarán que la semana pasada mi tema fue «los dos Israeles». También hablaré de Israel el próximo día del Señor por la mañana. Si piensan que estoy sacando mi tema de los titulares de las fuentes noticiosas, no estarían totalmente equivocados, aunque tampoco estarían totalmente en lo cierto.

Introducción

Hay dos cosas que quiero que vean en este pasaje esta noche sobre este asunto de los gentiles tomando su lugar en la ciudadanía de Israel:

I. El resumen de la concesión de la ciudadanía de Israel

II. La sustancia de las bendiciones de la ciudadanía de Israel

Espero que nuestro estudio de estas dos cuestiones resulte una gran bendición para vuestras almas.

I. El resumen de la concesión de la ciudadanía de Israel

¿Cómo los gentiles llegaron a formar parte de la ciudadanía de Israel? El argumento de Pablo aquí se mueve a través de cuatro fases o puntos de énfasis. En primer lugar, está

A. La antigua extranjería

Esto se encuentra en los versículos 11-12:

> Recordad, pues, que en otro tiempo vosotros los gentiles en la carne, llamados incircuncisión por la tal llamada circuncisión, hecha por manos en la carne, recordad que en ese tiempo estabais separados de Cristo, excluidos de la ciudadanía de Israel, extraños a los pactos de la promesa, sin tener esperanza, y sin Dios en el mundo.

Pablo es explícito sobre quién está pensando primariamente en este pasaje: los gentiles. No comprendemos claramente todo lo que este término significaba para un judío como Pablo. Los gentiles eran los que estaban fuera del pueblo del pacto de Dios. Eran los habitantes de las salvajes y malvadas naciones de la tierra, naciones que no eran miembros del pacto. Eran la incircuncisión. No poseían ni la marca ni la gracia simbolizadas por la señal de la circuncisión. Sí, eran despreciados y rechazados por el pueblo de Dios: Israel. Por último, no poseían las bendiciones que daban vida y sentido en este mundo. Estaban «separados de Cristo, excluidos de la ciudadanía de Israel, extraños a los pactos de la promesa, sin tener esperanza, y sin Dios en el mundo». Estas son las bendiciones que quiero retomar en la segunda parte de este mensaje. Así estaban los gentiles: lejos de Dios, lejos del pueblo de Dios y lejos de la salvación de Dios.

B. El cambio de situación

Por supuesto, lo que Pablo quiere decir es que, para esos gentiles cristianos a los que está escribiendo en Éfeso y en otras partes de Asia, todo esto ha cambiado ahora. Han pasado por la transformación de «no ser pueblo/ahora ser pueblo». Esta es la idea central del versículo 13:

> Pero ahora en Cristo Jesús, vosotros, que en otro tiempo estabais lejos, habéis sido acercados por la sangre de Cristo.

Este versículo plantea naturalmente la pregunta: ¿A qué han sido acercados los gentiles? La respuesta clara es que han sido acercados a todas las cosas de las que se decía que estaban excluidos o separados en el versículo 12. Ya no están separados de todas las cosas que Pablo ha especificado en el versículo 12; han sido acercados a todas estas, es decir, han sido hechos beneficiarios y socios de todas aquellas cosas de las que antes estaban excluidos. Pablo afirma así que están unidos a Cristo, son ciudadanos de Israel, participantes de los pactos de la promesa, se les ha dado esperanza y están asociados con Dios en el mundo.

Permítanme decir una vez más que estas bendiciones se examinarán con más detalle en la segunda parte de este mensaje. Pero ahora el argumento de Pablo pasa a una tercera fase. La llamo

C. La explicación evangélica

Pablo ya dijo en el versículo 13 que es por la sangre de Cristo que los gentiles han sido acercados. Pero ¿de qué manera la sangre de Cristo introdujo a los gentiles en el pueblo de Dios? En los versículos 14-18 describe exactamente cómo sucedió:

> Porque Él mismo es nuestra paz, quien de ambos pueblos hizo uno, derribando la pared intermedia de separación, aboliendo en su carne la enemistad, la ley de los mandamientos expresados en ordenanzas, para crear en sí mismo de los dos un nuevo hombre, estableciendo así la paz, y para reconciliar con Dios a los dos en un cuerpo por medio de la cruz, habiendo dado muerte en ella a la enemistad. Y VINO Y ANUNCIÓ PAZ A VOSOTROS QUE ESTABAIS LEJOS, Y PAZ A LOS QUE ESTABAN CERCA; porque por medio de Él los unos y los otros tenemos nuestra entrada al Padre en un mismo Espíritu.

Aquí Pablo describe la doble reconciliación que tuvo lugar por medio de la cruz de Cristo. Las palabras cruciales se encuentran en el versículo 16: «para reconciliar con Dios a los dos en un cuerpo por medio de la cruz, habiendo dado muerte en ella a la enemistad». La idea de Pablo es que, en la cruz, Cristo representó tanto a judíos como a gentiles y murió por ellos. Cristo representó tanto a los miembros judíos como a los gentiles de Su pueblo en Su único cuerpo físico. Cuando murió en la cruz, los dos fueron reconciliados con Dios al mismo tiempo y de la misma manera. La ira de Dios quedó satisfecha. Se estableció la paz con Dios tanto para el judío como para el gentil por medio de la cruz de Cristo. Como resultado, Cristo anunció paz por medio de Pablo tanto a los que estaban lejos (los gentiles) como a los que estaban cerca (los judíos). A ambos se les da entonces el Espíritu por causa de la obra reconciliadora de Jesús. Por este Espíritu, tanto judíos como gentiles tienen acceso al Padre en el único Cristo.

Esta entonces es la doble reconciliación: En la cruz de Cristo, judíos y gentiles son reconciliados entre sí; y los dos son reconciliados con Dios.

Todo esto lleva a Pablo a una doble conclusión. Esta conclusión remacha todo lo que ha estado diciendo. Hace que su idea sea clara, y su enseñanza indiscutible.

D. La doble conclusión

La doble conclusión de Pablo se encuentra en el versículo 19:

> Así pues, ya no sois extranjeros ni advenedizos, sino que sois conciudadanos de los santos y sois de la familia de Dios.

Mencioné que aquí hay una conclusión. Es evidente por la conjunción traducida «Así pues» (NBLA, LBLA) o «Así que» (RVR60, RV-SBT) o «Por lo tanto» (RVA 2015, NVI). Pero también dije que hay una doble conclusión.

La primera es que «ya no sois extranjeros ni advenedizos». En todo el pasaje y ahora también aquí Pablo se dirige a los cristianos gentiles. Recuerden los versículos 11-12. Obviamente Pablo está diciendo que estos gentiles ya no son parias ni están excluidos del pueblo de Dios. Sin embargo, hay algo que refuerza el impacto de estas palabras: su significado en el contexto del Antiguo Testamento.

He aquí algunas formas en que la palabra traducida «extranjero» se usa en el Antiguo Testamento:

> Ella se postró sobre su rostro, se inclinó a tierra y le dijo: —¿Por qué he hallado gracia ante tus ojos para que tú te hayas fijado en mí, siendo yo una extranjera? (Rut 2:10)

> Nuestra heredad ha pasado a los extraños, nuestras casas a los extranjeros. (Lam. 5:2)

He aquí algunas formas en que la palabra traducida «advenedizo» se usa en el Antiguo Testamento. Este término designaba a alguien que vivía en la tierra pero que no formaba parte del pueblo del pacto y estaba excluido de sus bendiciones. No podían comer la Santa Pascua. Aunque los judíos no podían ser poseídos como esclavos, los advenedizos sí podían serlo:

> El extranjero y el jornalero no comerán de ella. (Éxo. 12:45)

> «También podréis adquirir los de los hijos de los extranjeros que residen con vosotros, y de sus familias que están con vosotros, que hayan sido engendradas en vuestra tierra; éstos también pueden ser posesión vuestra. Aun podréis dejarlos en herencia a vuestros hijos después de vosotros, como posesión; os podréis servir de ellos como esclavos para siempre. Pero en cuanto a vuestros hermanos, los hijos de Israel, no os enseñorearéis unos de otros con severidad». (Lev. 25:45-46)

Ahora ven la importancia de la primera conclusión de Pablo. Extranjeros y advenedizos eran los que vivían en la tierra pero no tenían derecho a entrar en la asamblea formal de Israel. Ahora —dice Pablo— estos gentiles ya no eran extranjeros y advenedizos. Ya no eran extranjeros que vivían en la tierra prometida pero no tenían parte en las bendiciones concedidas al pueblo de Dios. Los que «no habían sido pueblo» eran «ahora pueblo de Dios».

Consideremos ahora a la segunda conclusión de Pablo. Se encuentra en la última mitad del versículo 19: «sino que sois conciudadanos de los santos y sois de la familia de Dios...». La palabra «conciudadanos» nos hace recordar la frase «ciudadanía de Israel» del versículo 12. Permítanme pronunciarlo; presten atención. Pablo había hablado de τῆς πολιτείας τοῦ Ἰσραὴλ (Efe. 2:12 [BGT]) y ahora habla de συμπολῖται (Efe. 2:19 [BGT]). En otras palabras, *ciudadanía* y *conciudadanos* son términos que se construyen teniendo como base la misma raíz griega. De esta raíz obtenemos nuestra palabra *política*. La idea se puede entender con claridad: Ahora estos gentiles son conciudadanos de los judíos en la ciudadanía de Israel.

Pablo procede a enfatizar la nueva cercanía que los gentiles tienen con Dios diciendo que ahora forman parte de Su familia. Han sido adoptados en la familia de Dios. Junto con los cristianos judíos, son hijos e hijas de Dios.

Pero con este resumen y comprensión del argumento de Pablo en sus mentes, por favor, vengan conmigo al tema en este mensaje al que un par de veces he prometido volver.

II. La sustancia de las bendiciones de la ciudadanía de Israel

Esas bendiciones se resumen en el versículo 12. Mírenlas de nuevo: «separados de Cristo, excluidos de la ciudadanía de Israel, extraños a los pactos de la promesa, sin tener esperanza, y sin Dios en el mundo». Estas cosas de las que una vez fuimos excluidos son ahora nuestras en Cristo. Creo que cada una de estas cinco bendiciones se centra en las promesas y el futuro prometidos al Israel del Antiguo Testamento. Examínenlas conmigo de una en una. La primera es

Cristo

Es difícil hacer justicia a todos los matices y significados de esta gran palabra: *Cristo*.

- En primer lugar, por supuesto, habla del Ungido. Es el Ungido por Dios para ser el Profeta, Sacerdote y Rey supremo del pueblo de Dios.

- Como tal, *Cristo* implica la idea de *Salvador*. Es por ser nuestro Profeta, Sacerdote y Rey que Él nos salva. Este Cristo se llama Jesús; y este es Su Nombre porque —como dijo el ángel— «de pondrás por nombre Jesús, porque El salvará a su pueblo de sus pecados» (Mat. 1:21).

- Pero Él es ambas cosas como Aquel que ha sido designado para traer el Reino definitivo de Dios y consumar la historia. Él es el Consumador de la historia. Él es el Finalizador del mundo. El Cristo es el segundo y último Adán. Él es el sentido y la conclusión de la historia.

- Pero finalmente están estos indicios por todas las profecías del Antiguo Testamento de que Él es algo más que un hombre. Él es Emanuel, es decir, Dios con nosotros (Mat. 1:23). Él es el cumplimiento de Miqueas 5:2:

  > Pero tú, Belén Efrata, aunque eres pequeña entre las familias de Judá, de ti me saldrá el que ha de ser gobernante en Israel. Y sus orígenes son desde tiempos antiguos, desde los días de la eternidad.

  Él es Aquel en quien Dios finalmente se manifiesta al final de la historia y en la consumación de todas las cosas.

La ciudadanía de Israel

Si la primera de las bendiciones de las que se nos hace partícipes es el Cristo de la promesa, la segunda es el pueblo de la promesa. Israel es el pueblo y la nación que fue plantado en la historia para que esperáramos al bebé que se convertiría en el Cristo y ser el medio para traerlo al mundo.

Recuerden Romanos 9:4-5:

> que son israelitas, a quienes pertenece la adopción como hijos, y la gloria, los pactos, la promulgación de la ley, el culto y las promesas, de quienes son los patriarcas, y de quienes, según la carne, procede el Cristo, el cual está sobre todas las cosas, Dios bendito por los siglos. Amén.

La ciudadanía de Israel era el pueblo establecido para mantener viva la promesa en los oscuros días del Antiguo Testamento.

Los cristianos gentiles (incluidos nosotros) ahora formamos parte del pueblo de la promesa. La promesa no se ha cumplido por completo. Como ciudadanía de Israel hemos sido designados en estos días oscuros para mantener viva la esperanza de esa promesa. Y esto nos lleva naturalmente a lo que Pablo llama

Los pactos de la promesa

Sí, así es exactamente como lo expresa Pablo. Habla de muchos pactos y de una sola promesa. Supongo que esta promesa fue la que se dio al principio a Adán y a Eva sobre la descendencia venidera de la mujer. Esta promesa fue alimentada, tipificada y predicha de diferentes maneras en todos los pactos del Antiguo Testamento. Y hubo un tiempo en el que nosotros los gentiles no tuvimos parte en tales pactos y en esta promesa; pero ahora nosotros también, junto con Adán y Eva e Israel, ponemos nuestra esperanza en esta promesa, la que fue dada a Adán y a Eva, y ahora a nosotros, por medio de Cristo solo, por gracia solamente, y por medio de la fe sola.

Esperanza

Todas estas bendiciones de las que Pablo ha estado hablando están orientadas hacia el futuro. ¿Puedo decirlo de otro modo? Son de carácter escatológico. Esto queda aún más claro en la cuarta bendición a la que se han acercado los gentiles: la «esperanza». La vida requiere esperanza. El suicidio es cada vez más común en nuestra tierra porque la gente no tiene esperanza.

Todo parece conspirar contra la esperanza en nuestros días. El miedo está en todas partes y en cada noticiario. Lo comercializan incluso los que se autodenominan conservadores para vendernos provisiones por el colapso que se avecina.

Así que quienes nos rodean miran al futuro con lo contrario de la esperanza; miran al futuro con miedo. Pero no debemos dejarnos consumir por el miedo. Nosotros, como creyentes gentiles, hemos sido acercados a la esperanza. Tenemos esperanza en el «siglo» venidero. Tenemos esperanza en el regreso de Cristo. Por lo tanto, en este presente «siglo» tenemos esperanza de que Dios edificará Su Iglesia y guardará nuestra alma.

Pablo ha enfatizado así que tenemos al Cristo de la promesa, al pueblo de la promesa, los pactos de la promesa y la esperanza de la promesa. Pero finalmente dice que tenemos a

El Dios de la promesa

Estábamos sin Dios en el mundo… ¡Pero ahora tenemos —hemos sido acercados a— Dios en el mundo! Y nótese bien, no es que solo tendremos a Dios cuando Jesús regrese; es que ahora tenemos a Dios en el mundo. Ahora mismo Él nos dice: «yo seré su Dios y ellos serán mi pueblo» (Jer. 31:33). Ahora mismo Él nos dice: «Y yo seré para vosotros padre, y vosotros seréis para mí hijos e hijas» —dice el Señor Todopoderoso (2 Cor. 6:18).

¡Oh, amado creyente, siéntete reconfortado por el hecho de que tienes al mismísimo Dios de la promesa como tu Dios! ¡Él es tu Dios! Tú eres Su hijo o hija. ¡No estás sin esperanza y sin Dios en el mundo!

Lecciones finales

He aquí cuatro lecciones sencillas pero grandiosas que deberíamos aprender de este pasaje:

¡Los cristianos son el Israel de Dios! Puede que estés muy confundido sobre lo que está ocurriendo en Israel y Palestina, pero hay algo sobre lo que la Biblia es clara. Los cristianos, sí, los cristianos gentiles, forman parte del Israel de Dios, la ciudadanía de Israel. El centro de los propósitos de Dios no está en Oriente Medio, sino en la Iglesia de Jesucristo. Puede que sintamos dar todo el apoyo del mundo a la nación-Estado de Israel por las tragedias que se abatieron sobre este; o puede que no nos sintamos así. No obstante, el hecho es que el Estado-nación llamado Israel en Oriente Medio no es lo que Dios considera la ciudadanía de Israel. Su Iglesia es el verdadero, nuevo y reformado Israel.

¡Nacemos como advenedizos fuera del Israel de Dios! No estás cerca de Dios, ni por naturaleza ni por nacimiento. Estás fuera de Su promesa y de Su pueblo. Algo tiene que cambiar. Necesitas que se modifique tu situación de estar fuera de Israel y sin Dios en el mundo. Eso es lo que más necesitas.

¡Necesitamos ser ciudadanos del Israel de Dios! Lo que tiene que cambiar es que necesitas la promesa de Dios y formar parte del pueblo de Dios. ¡Las cosas mejorarán y estarán en su lugar correcto para ti solo cuando seas *sobrenaturalizado* como ciudadano de la ciudadanía de Israel!

¡Cristo es el camino por el que podemos convertirnos en Israel de Dios! El camino hacia el pueblo de Dios, hacia la promesa de Dios y hacia Dios mismo es por medio de la cruz de Cristo. Es recibiendo a Cristo y descansando en Él que puedes abrirte camino hacia el pueblo de Dios. ¡¿Te entregarás a Cristo y vendrás por el camino dado por Dios al Israel de Dios?!

APÉNDICE 5

21 malentendidos sobre el calvinismo[1]

Introducción

He organizado mi tratado de *21 malentendidos sobre el calvinismo* en el orden del T-U-L-I-P.

1. ¡Los calvinistas no creen en la libertad de la voluntad[2]!

Lo cierto es que los calvinistas no creen en lo que la mayoría de la gente llama (normalmente con mucha confusión) «la libertad de la voluntad». A veces he oído a calvinistas respetables decir que creen más bien en la libre agencia y no en la libertad de la voluntad. En cuanto a mí y a muchos otros calvinistas, preferimos decir que creemos en la libertad de la voluntad *propiamente definida*. ¿Dónde podemos encontrar una definición propia y bíblica de la libertad de la voluntad? En *La Confesión Bautista de 1689*, capítulo 9, párrafo 1:

9.1. Dios ha investido la voluntad del hombre de esa libertad natural y poder para actuar por elección propia que no es forzada ni está

---

[1] Este escrito, publicado originalmente en varias partes por el presente autor en el sitio web del Covenant Baptist Theological Seminary en 2015, ha sido compilado en un solo artículo y está disponible {en inglés} en el siguiente enlace: <https://cbtseminary.org/21-misunderstandings-of-calvinism-sam-waldron/>. Nota de los traductores: Consultado el 9 de febrero de 2024.

[2] Nota de los traductores: *la libertad de la voluntad* —O lo que se conoce comúnmente como *libre albedrío*.

determinada a hacer el bien o el mal por ninguna necesidad de la naturaleza.

Aquí la libertad de la voluntad se define como el poder para actuar por elección propia. Esta es la libertad natural del ser humano. Este concepto de la libertad de la voluntad es sugerido por varios textos:

> pero yo os digo que Elías ya vino y no lo reconocieron, sino que le hicieron todo lo que quisieron. Así también el Hijo del Hombre va a padecer a manos de ellos. (Mat. 17:12)

> Sino que cada uno es tentado cuando es llevado y seducido por su propia pasión. (Stg. 1:14)

> Al cielo y a la tierra pongo hoy como testigos contra vosotros de que he puesto ante ti la vida y la muerte, la bendición y la maldición. Escoge, pues, la vida para que vivas, tú y tu descendencia. (Deu. 30:19)

Como he insinuado anteriormente, la humanidad aún posee esta libertad natural o «libertad de la voluntad». Esto se desprende del análisis del esquema del capítulo 9 de la Confesión, que puede bosquejarse así:

I. La definición de la libertad humana (pár. 1)

II. Los estados de la libertad humana (párs. 2-5)

    A. La libertad de la voluntad en el estado de inocencia (pár. 2)

    B. La libertad de la voluntad en el estado de pecado (pár. 3)

    C. La libertad de la voluntad en el estado de gracia (pár. 4)

    D. La libertad de la voluntad en el estado de gloria (pár. 5)

Este esquema es importante porque muestra que los párrafos 2-5, incluyendo —y especialmente— el párrafo 3, no constituyen una negación de la definición de la libertad humana que se da en el párrafo 1. Todos estos párrafos nos indican simplemente los cuatro estados en los que puede existir la libertad natural o la libertad de la voluntad del hombre.

Pero, por supuesto, en el estado de pecado, la humanidad no posee la libertad espiritual o moral para usar su «libertad de la voluntad» para escoger lo que es bueno, pues su voluntad está atada a su propia naturaleza pecaminosa, de tal manera que no puede querer ningún bien espiritual. Por eso Jesús enseña en Mateo 7:17-18: «Así, todo árbol bueno da frutos buenos; pero el árbol malo da frutos malos. Un árbol bueno no puede producir frutos malos, ni un árbol malo producir frutos buenos» (Mat. 7:17-18). Todo esto significa que estoy de acuerdo con Walt Chantry en que la voluntad del hombre es libre, pero está atada. Por lo tanto, no es cierto que los calvinistas no creen en la libertad de la voluntad.

Mi intención en este artículo no es condenar todas las denuncias contra la libertad de la voluntad en nuestra predicación. A menudo presuponemos, correctamente me parece, una definición arminiana de la libertad de la voluntad en esas legítimas denuncias. Lo que digo es que cuando se trata de un debate teológico calmado y cuidadoso es mejor afirmar que creemos en la libertad de la voluntad *propiamente definida*.

2. ¡Los calvinistas no creen en la responsabilidad humana!

Esta afirmación también es una calumnia contra el calvinismo auténtico. Los calvinistas no solo creen que los hombres tienen una libertad natural, sino que también están de acuerdo en que los hombres son responsables de sus actos debido a esa libertad natural.

La razón por la que los arminianos afirman que los calvinistas niegan la responsabilidad humana es que han adoptado lo que equivale a una premisa pelagiana en su teología. Creen que la responsabilidad presupone la capacidad. La noción de que la responsabilidad de hacer algo presupone la capacidad de hacerlo no es cierta, *si es que nos referimos a la capacidad moral*. La Biblia enseña en muchos lugares que los hombres *no pueden* venir a Cristo, pero aun así los hace responsables de venir a Él:

> Nadie puede venir a mí si no lo trae el Padre que me envió, y yo lo resucitaré en el día final. (Jua. 6:44)

> Y decía: Por eso os he dicho que nadie puede venir a mí si no se lo ha concedido el Padre. (Jua. 6:65)

Estoy de acuerdo con los grandes calvinistas Jonathan Edwards y Andrew Fuller, quienes hicieron una distinción entre la capacidad natural y la moral. Creo que al hacer esta distinción simplemente están ampliando lo que la Confesión ya enseña. La responsabilidad humana supone capacidad natural, pero no supone capacidad moral. Dios no nos ordena que corramos kilómetros en un minuto. Sí nos dice que hagamos cosas que nos ha dado la capacidad natural de hacer. Podemos amar, confiar y pedir perdón. Tenemos la capacidad natural de hacer esas cosas; pero no tenemos la capacidad moral de amar, confiar y pedir perdón *en lo que respecta a las cosas correctas*. Por eso Dios nos dice que hagamos cosas que, a causa del pecado, no tenemos la capacidad moral de hacer. Juan 5:40 reprende a los judíos precisamente por no venir a Cristo en busca de salvación: «y no queréis venir a mí para que tengáis vida».

3. ¡La depravación total significa que los seres humanos son tan malos como pueden ser!

Una vez más, esta no es la enseñanza reformada ortodoxa. Si bien es cierto que los hombres no pueden hacer ningún bien espiritual o salvífico, la tradición reformada ha reconocido que los inconversos pueden hacer, y hacen, lo que a menudo se denomina actos de justicia civil. Fue mejor que Acab respondiera externamente a la reprensión de Elías que si no lo hubiera hecho, pero eso no significaba que Acab se hubiera arrepentido de verdad o que hubiera hecho algo espiritualmente bueno. He aquí las palabras de 1 Reyes 21:27-29:

> Y sucedió que cuando Acab oyó estas palabras, rasgó sus vestidos, puso cilicio sobre sus carnes y ayunó, se acostó con el cilicio y andaba abatido. Entonces la palabra del SEÑOR vino a Elías tisbita,

diciendo: ¿Ves como Acab se ha humillado delante de mí? Porque se ha humillado delante de mí, no traeré el mal en sus días; pero en los días de su hijo traeré el mal sobre su casa.

Por lo tanto, estoy de acuerdo con E. H. Palmer, quien en su libro sobre los cinco puntos del calvinismo dijo que aunque los hombres no son tan *malos* como pueden ser, sí están en *la peor situación* en la que pueden estar. ¡La depravación total no es depravación absoluta!

4. ¡La incapacidad total significa que aunque los hombres quieran ser salvos, no pueden ser salvos ni venir a Cristo!

Una vez más, esto es un *malentendido total* de las doctrinas de *la depravación total* y *la incapacidad total*. ¿Puedo citar la Confesión una vez más?:

> 9.2. El hombre, por su Caída en un estado de pecado, ha perdido enteramente toda capacidad de la voluntad para cualquier bien espiritual que acompañe la salvación; por tanto, como hombre natural que tiene total aversión a ese bien y está muerto en pecado, no puede por sus propias fuerzas convertirse a sí mismo ni prepararse para ello.

La incapacidad total no significa en absoluto que los hombres quieran salvarse pero que simplemente no pueden ser salvos porque son totalmente depravados. La incapacidad total consiste en una indisposición de la voluntad a cualquier bien espiritual. Significa que los hombres tienen «aversión» al bien. Significa que los «nadie puede venir a mí» de Juan 6:44, 65 son una forma de describir el «no queréis venir a mí» de Juan 5:40: «y no queréis venir a mí para que tengáis vida». La incapacidad total significa que, si la gracia de Dios no obra {eficazmente} en el corazón de alguien, nadie querrá ser salvo realmente.

5. ¡Los calvinistas son fatalistas!

Busqué la definición de *fatalismo* en el diccionario, pero creo que tiene poco que ver con lo que realmente quieren decir las personas que hacen esta acusación. Permítanme decirles lo que creo que quieren decir. Creo que quieren decir que los calvinistas piensan que nada de lo que hacemos cambia nuestro destino final. Creo que quieren decir que no hay relación entre cómo actúa una persona y dónde pasará la eternidad. Creo que quieren decir que de alguna manera el destino de las personas en la eternidad está predeterminado independientemente de cómo responda al evangelio aquí en esta vida. Si eso es lo que quieren decir con *fatalismo*, entonces no tiene nada que ver con la corriente principal del calvinismo. Los calvinistas creen que las promesas del evangelio son fieles para cualquier persona que las reciba por medio de la fe. La promesa de Hechos 16:31 es fiel sin excepción: «Ellos respondieron: Cree en el Señor Jesús, y serás salvo, tú y toda tu casa». «*Cree en el Señor Jesús, y serás salvo*» *es una promesa absolutamente fiel para todos.* La persona que se arrepienta de sus pecados y crea en el Señor Jesucristo será salva sin excepción. La elección no significa que Dios sea libre de no cumplir Sus promesas evangélicas. No significa que puede que Él no te salve aunque creas en Cristo. Escuchen la primera declaración sistemática de las doctrinas de la gracia, a saber, *Los Cánones de Dort*:

> Sin embargo, existe la promesa del [e]vangelio de que todo aquel que crea en el Cristo crucificado no se perderá, sino que tendrá vida eterna… (cap. 2, art. 5)[3]

---

[3] Nota de los traductores: La traducción de este fragmento fue tomada de «Los Cánones de Dort» (II:5), en *La Biblia de Estudio de la Reforma* (EE. UU.: Ligonier Ministries y Poiema Publicaciones, 2020), p. 2380. Corchetes añadidos.

6. ¡Los calvinistas creen que los elegidos serán salvos sin importar lo que nosotros o ellos hagamos!

Nuevamente, esto no es en absoluto lo que enseñan las doctrinas de la gracia. Consideren estas palabras del capítulo 3 de *La Confesión Bautista de 1689*:

> 3.1…. Dios ni es autor del pecado, ni tiene comunión con nadie en el mismo, ni se hace violencia a la voluntad de la criatura, ni se quita la libertad o contingencia de {las} causas secundarias, antes bien son establecidas…

Aquí la Confesión deja claro que, en la realización de Su plan eterno, Dios honra la libertad humana y la contingencia (condicionalidad) de las causas secundarias. ¡Esto significa que lo que hace la gente sí importa! La Confesión lo enseña porque la Biblia lo enseña indudablemente. 2 Timoteo 2:10 nos da la doctrina de Pablo sobre la elección: «Por tanto, todo lo soporto por amor a los escogidos, para que también ellos obtengan la salvación que está en Cristo Jesús, y con ella gloria eterna». Si Pablo creyera que los elegidos serían salvos sin importar lo que ellos o nosotros hagamos, ¿cómo podría haber expresado este sentir? La elección no significa que los elegidos serán salvos sin importar lo que nosotros o ellos hagamos; ¡significa que ellos y nosotros ciertamente haremos ciertas cosas!; significa que los misioneros sufrirán, que los elegidos creerán, que ambas cosas sucederán, ¡y que *de esta manera* los elegidos serán salvos!

7. ¡Los calvinistas privan al pueblo de Dios de la seguridad de salvación!

¡No! Esta afirmación es exacta y precisamente lo contrario de la verdad. Son los arminianos quienes hacen imposible la seguridad de salvación. Recuerdo haber visto que citaron a Juan Wesley en apoyo de la seguridad de salvación. Pero independientemente de lo que él creía, puesto que sostenía la caída de la gracia, John Wesley no creía ni podía creer coherentemente en la genuina seguridad de salvación. La verdadera seguridad de salvación solo es posible si el cristiano genuino no puede caer de la gracia. Si un cristiano genuino puede caer de la gracia, entonces puedes tener la seguridad de que eres cristiano hoy, ¡pero no puedes tener la seguridad de que serás cristiano mañana! Esto no es una verdadera seguridad de salvación en absoluto. ¡Solo quien cree que la salvación es un don del Dios soberano y el fruto de la elección soberana puede estar seguro de que el día que muera tendrá la salvación que {ya} tiene hoy!

Pero los arminianos hacen esta afirmación de que *los calvinistas privan al pueblo de Dios de la seguridad de salvación* porque probablemente piensan que conectar la salvación con la elección la convierte en un asunto misterioso sobre el que nunca se puede estar seguro. Mas esto es simplemente un malentendido. *La Confesión Bautista de Fe de Londres* (3.6; 10.1) enseña lo que la Biblia dice claramente: que la elección de alguien es evidenciada por los resultados de esa elección en su vida. Se puede saber que alguien es elegido por los frutos de la elección en su vida. He aquí el párrafo 3.6 de la Confesión de 1689:

> 3.6. Así como Dios ha designado a los elegidos para gloria, de la misma manera ha preordinado, por el propósito eterno y libérrimo de Su voluntad, todos los medios para ello; por lo tanto, los que son elegidos, habiendo caído en Adán, son redimidos por Cristo, son llamados eficazmente a la fe en Cristo por Su Espíritu obrando a su debido tiempo, son justificados, adoptados, santificados y guardados por Su poder, mediante la fe para salvación; nadie más es redimido por Cristo, ni llamado eficazmente, {ni} justificado, {ni} adoptado, {ni} santificado, ni salvado, sino solo los elegidos.

Por supuesto, tal enseñanza simplemente refleja las claras afirmaciones de la Biblia. Según el apóstol Pablo, la fe, la esperanza y el amor y la verdadera conversión bajo el poder del evangelio son las marcas distintivas de la elección divina en la vida de una persona:

> teniendo presente sin cesar delante de nuestro Dios y Padre vuestra obra de fe, vuestro trabajo de amor y la firmeza de vuestra esperanza en nuestro Señor Jesucristo; sabiendo, hermanos amados

de Dios, su elección de vosotros, pues nuestro evangelio no vino a vosotros solamente en palabras, sino también en poder y en el Espíritu Santo y con plena convicción; como sabéis qué clase de personas demostramos ser entre vosotros por amor a vosotros. (1 Tes. 1:3-5)

Escuchen también *Los Cánones de Dort* sobre este tema:

La seguridad de su elección eterna e inmutable para salvación es dada a los escogidos a su debido tiempo, si bien en distinta medida y en diferentes etapas; no cuando, por curiosidad, escudriñan los misterios y las profundidades de Dios, sino cuando con gozo espiritual y santo placer advierten en sí mismos los frutos infalibles de la elección, indicados en la Palabra de Dios, que son la verdadera fe en Cristo, el temor filial a Dios, el dolor piadoso por sus pecados, el hambre y la sed de justicia, etc. (cap. 1, art. 12)[4]

8. ¡Los calvinistas enseñan la condenación de los infantes!

De nuevo, esto es simplemente falso. Muchos calvinistas famosos creen en la salvación de todos los infantes que mueren en su infancia. Spurgeon hace un siglo y Al Mohler {en la actualidad} son dos ejemplos de tales calvinistas. Otros piensan que Dios ha envuelto todo este asunto en misterio y dice poco o nada al respecto explícitamente en las Escrituras. Adoptan un agnosticismo optimista sobre el tema. Ningún calvinista de los que conozco afirma la condenación de los infantes.

9. ¡Los calvinistas enseñan la doble predestinación!

Aquí los calvinistas debemos evitar una trampa. Primero debemos preguntar a nuestros acusadores: —*¿Qué quieren decir con doble predestinación?* Podemos afirmar la doble predestinación y con ello

---

[4] Nota de los traductores: La traducción de este fragmento fue tomada de «Los Cánones de Dort» (I:12), en *La Biblia de Estudio de la Reforma* (EE. UU.: Ligonier Ministries y Poiema Publicaciones, 2020), p. 2376.

querer decir algo que sea muy diferente y mucho mejor que lo que nuestros acusadores piensan. Así que debemos tener cuidado.

- Es verdad que la elección incondicional implica que cuando algunos son elegidos para salvación otros son pasados por alto y dejados a su justa condenación por causa de sus pecados. Así que (¡es cierto!) la misma elección que escoge a unos para salvación deja a otros en sus pecados. Esto es una especie de doble predestinación.

- Pero si alguien quiere decir con doble predestinación que las personas están predestinadas al infierno independientemente de sus pecados, entonces eso no es cierto, y no conozco a ningún calvinista que lo haya enseñado nunca. La predestinación al infierno es siempre a la luz de los pecados de las criaturas, por tanto, es bien merecida.

- Y si alguien quiere decir que algunas personas están predestinadas a la condenación *del mismo modo* que otras están predestinadas a la salvación, ¡también está muy equivocado! Dios interviene en magníficos y múltiples actos de gracia para llevar a los elegidos a la salvación. Él simplemente deja que otros sigan sus propios deseos pecaminosos para que se cumpla su predestinación a la condenación.

10. ¡Los calvinistas no creen en las misiones ni en la evangelización!

Escuchen una vez más *Los Cánones de Dort*:

> Sin embargo, existe la promesa del [e]vangelio de que todo aquel que crea en el Cristo crucificado no se perderá, sino que tendrá vida eterna. Promesa que, sin distinción, debe ser anunciada y proclamada con mandato de conversión y de fe a todos los pueblos y personas a los que Dios, según Su beneplácito, envía Su [e]vangelio. (cap. 2, art. 5)[5]

---

[5] Nota de los traductores: La traducción de este fragmento fue tomada de «Los Cánones de Dort» (II:5), en *La Biblia de Estudio de la Reforma* (EE. UU.: Ligonier Ministries y Poiema Publicaciones, 2020), p. 2380. Corchetes añadidos.

Aquí debemos preguntar con firmeza a nuestros acusadores: —
*¡¿Acaso no han oído hablar de William Carey?! ¡¿No saben que este primer
misionero bautista era un bautista particular o reformado y que fue enviado por
iglesias que eran bautistas particulares o reformadas?!*

¡El hecho es que el gran peligro para la evangelización y las
misiones no es el calvinismo, sino el arminianismo! El fundamento
de la evangelización y las misiones es la exclusividad del evangelio.
Los grandes defensores de la exclusividad del evangelio son los
calvinistas.

Los que piensan que Dios tiene que ser «justo» con los pecadores
son los arminianos. Son ellos los que piensan que Dios les debe a
todos una «oportunidad de salvarse». Son los arminianos los que
piensan que no es justo que Dios envíe al infierno a personas que
nunca oyeron el evangelio. Por lo tanto, son los arminianos quienes
siempre están inventando maneras para que los hombres sean salvos
sin el evangelio. Son los arminianos quienes por esta razón y de esta
manera siempre están socavando la exclusividad del evangelio y, por
ende, están socavando los fundamentos de la evangelización y las
misiones.

11. ¡Los no elegidos no tienen el deber de creer en Cristo para salvarse! Los calvinistas no creen en la libre oferta del evangelio

Esta es en verdad la doctrina de algunos hipercalvinistas, pero nunca
ha sido la doctrina de la corriente principal del calvinismo. *La
Confesión Bautista de 1689* (7.2) afirma:

> 7.2. Además, al haberse colocado el hombre bajo la maldición de la
> ley por su Caída, agradó al Señor hacer un Pacto de Gracia, en el
> cual libre y gratuitamente[6] ofrece vida y salvación por medio de
> Jesucristo a los pecadores, demandándoles fe en Él para ser salvos…

---

[6] Nota de los traductores: *libre y gratuitamente* —Esta frase corresponde a una
sola palabra en el original («freely»), la cual puede significar lo mismo *libremente*
(sin restricciones), *gratuitamente* (sin costo), o una combinación de ambas ideas.

Escuche otra vez *Los Cánones de Dort*:

> En cuanto a que muchos llamados por el ministerio del [e]vangelio
> no vengan a Él ni se conviertan, no es culpa del [evangelio] ni de
> Cristo, el cual es ofrecido por el [e]vangelio, ni [de] Dios, [quien]
> llama por el [e]vangelio e incluso confiere varios dones a los que
> llama[,] sino de aquellos que son llamados [por el ministerio de la
> Palabra y rehúsan venir y convertirse,] algunos de los cuales, [sin
> tener en cuenta el peligro que corren], rechazan la palabra de
> vida…(caps. 3-4, art. 9)[7]

12. Dios no desea la salvación de los no elegidos, sino que solo manifiesta odio hacia ellos

Hay de nuevo algunos altos calvinistas que enseñan que, aunque
Dios ordena a los no elegidos que vengan a Cristo, Él realmente no
tiene ningún deseo de que vengan. Pero preste atención nuevamente
a *Los Cánones de Dort*:

> [Todos los que son llamados por el evangelio son llamados sin
> fingimiento]. Pues DIOS [declara de una manera sumamente
> sincera y veraz] en Su Palabra lo que a Él le agrada, a saber: que sin
> duda los llamados acudan a Él. Además, a todos los que vienen a Él
> y creen, les promete [seriamente] también [el reposo] del alma y la
> vida eterna. (caps. 3-4, art. 8)[8]

---

[7] Nota de los traductores: La traducción de este fragmento fue tomada de
«Los Cánones de Dort» (III-IV:9), en *La Biblia de Estudio de la Reforma* (EE. UU.:
Ligonier Ministries y Poiema Publicaciones, 2020), p. 2382. Corchetes
añadidos para lograr mayor equivalencia con la traducción al inglés citada por
el autor.

[8] Nota de los traductores: La traducción de este fragmento fue tomada de
«Los Cánones de Dort» (III-IV:8), en *La Biblia de Estudio de la Reforma* (EE. UU.:
Ligonier Ministries y Poiema Publicaciones, 2020), p. 2382. Corchetes
añadidos para lograr mayor equivalencia con la traducción al inglés citada por
el autor.

13. No existe la gracia común ni nada que se le parezca

Una vez más, *La Confesión Bautista de 1689* contradice esta afirmación. En su párrafo 14.3 habla de «la fe y la gracia común de los creyentes temporales[9]...».

Este es un buen lugar para detenerse y hacer uno o dos comentarios sobre lo que va por mal camino cuando el hipercalvinismo niega el deber y la fe, la libre y bien intencionada oferta del evangelio y la gracia común. ¡Lo que va por mal camino es que ¡han adoptado una doctrina desequilibrada de la voluntad divina! Están identificando la voluntad divina simplemente con el decreto de Dios. Sin embargo, la Biblia enseña que la voluntad divina también se revela en los preceptos de Dios. Consideren algunos textos:

> Las cosas secretas pertenecen al SEÑOR nuestro Dios, mas las cosas reveladas nos pertenecen a nosotros y a nuestros hijos para siempre, a fin de que guardemos todas las palabras de esta ley. (Deu. 29:29)

> Vosotros pensasteis hacerme mal, pero Dios lo tornó en bien para que sucediera como vemos hoy, y se preservara la vida de mucha gente. (Gén. 50:20)

> Diles: «Vivo yo» —declara el Señor DIOS— «que no me complazco en la muerte del impío, sino en que el impío se aparte de su camino y viva. Volveos, volveos de vuestros malos caminos. ¿Por qué habéis de morir, oh casa de Israel?». (Eze. 33:11)

> ¿O tienes en poco las riquezas de su bondad, tolerancia y paciencia, ignorando que la bondad de Dios te guía al arrepentimiento? Mas por causa de tu terquedad y de tu corazón no arrepentido, estás acumulando ira para ti en el día de la ira y de la revelación del justo juicio de Dios. (Rom. 2:4-5)

El hipercalvinismo se niega a valorar o subvalora la voluntad preceptiva o revelada de Dios en favor de Su voluntad decretiva o secreta. Pero estas dos dimensiones de la voluntad de Dios deben ser

---

[9] Nota de los traductores: *creyentes temporales* —Es decir, aquellos que son creyentes solo por un tiempo.

valoradas igualmente. Dios, como santo, justo y bueno, desea y debe desear que los hombres actúen de un modo santo, justo y bueno. Por misteriosas razones propias no ha predestinado en Su voluntad decretiva que los hombres actúen siempre conforme a Su voluntad preceptiva. A veces es la voluntad decretiva de Dios que los hombres violen Su voluntad preceptiva y hagan lo que José llama el «mal». ¡Debemos inclinarnos ante este misterio y no pretender saber todo al respecto!

14. Solo los calvinistas limitan la expiación

El hecho es que todo evangélico limita de algún modo la expiación. El único que tiene una expiación realmente ilimitada es el universalista, quien cree que en verdad absolutamente todo el mundo será salvo por la muerte de Cristo. Los evangélicos que sostienen una expiación ilimitada en cuanto a su extensión limitan el poder o la eficacia de esa expiación para salvar en verdad a aquellos por los que Cristo murió. Los calvinistas limitan la extensión de la expiación, ¡pero ambos limitan la expiación! Por eso —por cierto— prefiero describir la expiación limitada como redención particular.

15. Los calvinistas limitan el valor de la expiación

¡En realidad son los arminianos quienes la limitan! Ciertamente no son los calvinistas quienes limitan el valor de la expiación. Nótense de nuevo *Los Cánones de Dort*:

> Esta muerte del Hijo de Dios es el sacrificio y la satisfacción [únicos y perfectísimos] por los pecados, de [infinito] valor y dignidad, y abundantemente suficiente como para expiar los pecados del mundo entero. (cap. 2, art. 3)[10]

---

[10] Nota de los traductores: La traducción de este fragmento fue tomada de «Los Cánones de Dort» (II:3), en *La Biblia de Estudio de la Reforma* (EE. UU.: Ligonier Ministries y Poiema Publicaciones, 2020), p. 2380. Corchetes

Entonces, la pregunta debatida entre arminianos y calvinistas con respecto a la expiación limitada no es cuánta valía tiene la expiación o cuán valioso es el precio de redención pagado por Cristo. La pregunta es en lugar de quién se pagó y de quién se hizo la expiación.

16. ¡La expiación limitada contradice la libre y bienintencionada oferta del evangelio!

Los arminianos hacen esta afirmación porque concluyen con razón que la expiación limitada implica que los calvinistas no podemos decir a todo el que encontremos por el camino que Cristo murió por ellos. Si la expiación limitada es cierta, entonces Cristo no murió por todos, ¡y no podemos decir que lo hizo! Esto parece un asunto serio para quien suponga que compartir el evangelio significa decirle a la gente que Cristo murió por ellos.

El problema es que la oferta del evangelio no consiste en la opinión de nadie sobre por quién murió Cristo ni en una declaración sobre el alcance de la expiación. La oferta del evangelio no es «Cristo murió por ti». No encontrarán tal oferta del evangelio en la predicación de los apóstoles de Cristo ni en el Libro de los Hechos. La oferta del evangelio es simplemente la oferta de Cristo mismo como Salvador suficiente. No es necesario hacer afirmaciones sobre aquellos por los que Cristo murió en el misterio de la voluntad divina a fin de ofrecer a Cristo como Salvador suficiente para todos los hombres sin excepción. La declaración de Pablo en Gálatas 2:20 de que Cristo me amó y se entregó a Sí mismo por mí no es una declaración de la oferta del evangelio a todos los pecadores, sino una declaración de la gloriosa seguridad de salvación para los pecadores salvados.

---

añadidos para lograr mayor equivalencia con la traducción al inglés citada por el autor.

17. ¡La expiación limitada significa que «el que desee»[11] no puede venir!

Los Cánones de Dort vuelven a contradecir esta calumnia:

> Pero en esto se manifestó el amor de Dios: en que Dios ha enviado a su Hijo unigénito al mundo, para que todo aquel que en Él cree, no se pierda, mas tenga vida eterna (1 Jua. 4:9; Jua. 3:16). (cap. 1, art. 2)[12]

Entonces, la pregunta no es *si puede venir el que desee*. Por supuesto, todo el que desee puede venir. La pregunta es quién vendrá realmente y qué lo hará venir.

18. ¡La gracia irresistible significa que Dios salva a los hombres contra su voluntad!

¡Es precisamente lo contrario! La gracia irresistible significa antes bien que Dios hace que la gente se ofrezca voluntariamente en el día de Su poder. El texto que a menudo citan aquí los calvinistas es Salmos 110:3: «Tu pueblo se ofrecerá voluntariamente en el día de tu poder». *La Confesión de 1689* (10.1) deja este asunto abundantemente claro:

> 10.1. A quienes Dios ha predestinado para vida, le agrada llamar eficazmente en Su tiempo señalado y aceptable, por medio de Su Palabra y Su Espíritu, sacándolos de ese estado de pecado y muerte en que están por naturaleza a la gracia y la salvación por medio de Jesucristo; iluminando sus mentes, espiritual y salvíficamente, para que entiendan las cosas de Dios; quitándoles su corazón de piedra y dándoles un corazón de carne; *renovando sus voluntades y, por Su poder omnipotente, determinándolos a lo que es bueno y atrayéndolos eficazmente a Jesucristo; pero, de tal modo que vienen libérrimamente, habiendo sido hechos dispuestos para ofrecerse voluntariamente por Su gracia.* (énfasis añadido)

---

[11] Nota de los traductores: Apocalipsis 22:17 (NBLA). La RVR60 traduce «el que quiera».

[12] Nota de los traductores: La traducción de este fragmento fue tomada de «Los Cánones de Dort» (I:2), en *La Biblia de Estudio de la Reforma* (EE. UU.: Ligonier Ministries y Poiema Publicaciones, 2020), p. 2375.

19. ¡La gracia irresistible significa que los hombres nunca se resisten al Espíritu Santo!

Por supuesto, si la gracia irresistible significara esto, entonces la gracia irresistible no sería bíblica. La Biblia es explícita en que algunos hombres sí se resisten al Espíritu Santo. Hechos 7:51 dice: «Vosotros, que sois duros de cerviz e incircuncisos de corazón y de oídos, resistís siempre al Espíritu Santo; como hicieron vuestros padres, así también hacéis vosotros».

Sin embargo, la gracia irresistible no significa que los hombres nunca se resistan al Espíritu Santo. Como mostré en una publicación anterior, según *La Confesión Bautista de 1689*, el calvinismo enseña algo conocido como *gracia común*. El llamamiento y las obras de la gracia común no son irresistibles. Como también mostré en una publicación anterior, tanto *Los Cánones de Dort* como *La Confesión de 1689* dejan claro que también existe algo conocido como el llamamiento general del evangelio. En la gracia común y el llamamiento general del evangelio, el Espíritu Santo habla a los hombres y los llama sinceramente a venir a Cristo. Los hombres resisten con frecuencia esa gracia común y esos llamamientos generales del evangelio. Sin embargo, la gracia especial y el llamamiento eficaz del Espíritu realmente *crean* la respuesta a la que son llamados los hombres. ¡Por lo tanto, esta gracia especial y llamamiento eficaz son irresistibles!

20. ¡La perseverancia y preservación de los santos significa que, una vez salvos, no importa cómo vivan los hombres, igual irán al Cielo!

En nuestra degenerada época, esta es realmente la forma en que muchos que profesan ser cristianos entienden lo que llaman *la seguridad eterna*. La seguridad eterna es una corrupción de la doctrina de la perseverancia y preservación de los santos.

El hecho histórico es que, en la época del Sínodo de Dort y de la redacción de *La Confesión Bautista de 1689*, ni los calvinistas ni los arminianos de la corriente principal creían en una doctrina tan horrible. Ni a los calvinistas que escribieron *Los Cánones de Dort*, ni a los arminianos que los obligaron a redactarlos, les habría pasado por la mente jamás enseñar algo parecido a la idea de que, una vez cristiano, será salvo sin importar cómo viva. Tanto calvinistas como arminianos creían que la perseverancia de los santos era una necesidad. ¡Solo discrepaban en cuanto a si era una realidad y una certeza!

Presten atención a estos fragmentos de *Los Cánones de Dort*:

A los que Dios llama, conforme a Su propósito, a la comunión de Su Hijo, nuestro Señor Jesucristo, y regenera por el Espíritu Santo, a estos les salva ciertamente del dominio y de la esclavitud del pecado…

… Pero fiel es Dios que misericordiosamente los confirma en la gracia que ya les ha conferido, y poderosamente los preserva hasta el fin. (cap. 5, arts. 1 y 3)[13]

Los salvos son liberados del dominio y la esclavitud del pecado y son preservados poderosamente en esa liberación hasta el fin. Esta es la doctrina auténtica y original de la perseverancia de los santos.

21. ¡La perseverancia y preservación de los santos significa que el pueblo de Dios no puede tener seguridad de salvación hasta después de haber perseverado hasta el fin!

Nada podría estar más lejos de la verdad. Solo la doctrina de la perseverancia y preservación de los santos fundamenta la seguridad de salvación. Solo una salvación otorgada por elección soberana y

---

[13] Nota de los traductores: La traducción de este fragmento fue tomada de «Los Cánones de Dort» (V:1, 3), en *La Biblia de Estudio de la Reforma* (EE. UU.: Ligonier Ministries y Poiema Publicaciones, 2020), p. 2386.

en la que todo verdadero cristiano ciertamente será preservado provee algún fundamento o esperanza de auténtica seguridad de salvación.

Además, la seguridad de nuestra perseverancia no tiene que esperar hasta después de que hayamos perseverado hasta el fin. Puede obtenerse de las marcas de la gracia especial que acompañan a toda fe verdadera. *La Confesión Bautista de 1689* lo afirma claramente en su capítulo 14, párrafo 3:

> Esta fe, aunque tenga diferentes grados y pueda ser débil o fuerte, aun así, es —{incluso} en su menor grado— diferente en su clase o naturaleza (como lo es toda otra gracia salvadora) de la fe y la gracia común de los creyentes temporales[14]; por lo tanto, aunque puede ser asaltada y debilitada muchas veces, aun así, obtiene la victoria, creciendo en muchos hasta alcanzar una plena seguridad por medio de Cristo, quien es tanto el Autor como el Consumador de nuestra fe.

Una vez más y por último, escuchen *Los Cánones de Dort*:

> En cuanto a esta [preservación] de los escogidos [para] salvación, la perseverancia de los verdaderos creyentes en la fe, los creyentes mismos pueden estar seguros, y lo estarán según la medida de la fe por la cual firmemente creen que son y permanecerán siempre miembros vivos y verdaderos de la Iglesia, y que poseen el perdón de [los] pecados y la vida eterna. (cap. 5, art. 9)[15]

---

[14] Nota de los traductores: *creyentes temporales* —Es decir, aquellos que son creyentes solo por un tiempo.

[15] Nota de los traductores: La traducción de este fragmento fue tomada de «Los Cánones de Dort» (V:9), en *La Biblia de Estudio de la Reforma* (EE. UU.: Ligonier Ministries y Poiema Publicaciones, 2020), p. 2387. Corchetes añadidos para lograr mayor equivalencia con la traducción al inglés citada por el autor.

APÉNDICE 6

La perpetuidad de la ley[1]

La totalidad de mi primera publicación de esta serie[2] estuvo dedicada a identificar el significado, el tema y el desarrollo de Mateo 5:17-20. En particular, identificamos su tema específico como sigue:

El tema concierne a la relación de Jesús con las Escrituras del Antiguo Testamento. Esas Escrituras se describen a la manera típica del Nuevo Testamento como la ley y los profetas. La relación de Jesús con estas se describe tanto negativa como positivamente. No viene a abolirlas, sino a cumplirlas. Jesús viene para llevar las Escrituras a su meta concebida o destino predeterminado. Esta relación de Jesús con el Antiguo Testamento es el tema subyacente de la totalidad de los versículos 17-20.

En esta publicación consideraremos cómo se desarrolla este tema en los versículos 17-19 de este pasaje clave.

1. La amonestación necesaria sobre esta relación de Jesús con el Antiguo Testamento

Suponiendo todo lo que hemos visto hasta ahora sobre el tema del versículo 17, hay una amonestación o advertencia dada a la luz de

---

[1] Nota de los traductores: Este escrito forma parte de una serie de artículos escritos por el Dr. Sam Waldron sobre la Ley y su relación con el creyente. Está disponible en ingles en el siguiente enlace: https://cbtseminary.org/matthew-5-2/. Consultado el 9 de febrero de 2024.

[2] Disponible en el siguiente enlace: <https://cbtseminary.org/matthew-5-1>. Nota de los traductores: Consultado el 9 de febrero de 2024.

Su relación con el Antiguo Testamento. Esta advertencia se desprende tanto de la prohibición como del mandato positivo del versículo 17 sobre lo que debemos pensar de la relación de Jesús con el Antiguo Testamento: «No penséis que he venido para abolir la ley o los profetas; no he venido para abolir, sino para cumplir».

Ya he respondido a la mayoría de las preguntas que se plantean sobre el significado de este versículo. Sin embargo, queda una interrogante por considerar: ¿Por qué sintió Jesús que era necesaria una advertencia como la que hace aquí? ¿Qué malentendido potencial de Su misión tiene en mente sobre el que siente la necesidad de dar una advertencia tan severa? Intentemos pensar en la situación. Esto nos ayudará a percibir la preocupación de Jesús. Hay una serie de observaciones pertinentes:

- No debemos pasar por alto el hecho de que ya en «El sermón del monte» se hace una clara afirmación de la centralidad de Cristo y Su ministerio. Mateo 5:11 centra la atención en el Nombre de Cristo y la persecución por causa de Su Nombre: «Bienaventurados seréis cuando os insulten y persigan, y digan todo género de mal contra vosotros falsamente, por causa de mí».

- Justo antes de «El sermón del monte» se nos dice que grandes multitudes lo seguían. Mateo 4:25 dice: «Y le siguieron grandes multitudes de Galilea, Decápolis, Jerusalén y Judea, y del otro lado del Jordán».

- Este gran movimiento de sanidad y ministerio en Galilea se señala como un cumplimiento de las Escrituras del Antiguo Testamento. Mateo 4:14-16 habla de ello usando la misma palabra traducida como «cumplir» que se emplea en nuestro texto:

> (14) para que se cumpliera lo dicho por medio del profeta Isaías, cuando dijo:

> (15) ¡TIERRA DE ZABULÓN Y TIERRA DE NEFTALÍ,
> CAMINO DEL MAR, AL OTRO LADO DEL JORDÁN,
> GALILEA DE LOS GENTILES!

(16) EL PUEBLO ASENTADO EN TINIEBLAS VIO UNA GRAN LUZ,
Y A LOS QUE VIVÍAN EN REGIÓN Y SOMBRA DE MUERTE,
UNA LUZ LES RESPLANDECIÓ.

- Todo esto había sido precedido por el bautismo de Jesús en el que había sido proclamado por una voz de los cielos como el Hijo amado de Dios (Mat. 3:17).
- Y todo esto fue caracterizado por el propio Jesús como la llegada del Reino. Mateo 4:17 dice: «Desde entonces Jesús comenzó a predicar y a decir: Arrepentíos, porque el reino de los cielos se ha acercado». La venida del Reino de los cielos lleva a su conclusión el tiempo de la ley y los profetas. Mateo 11:13 lo corrobora: «Porque todos los profetas y la ley profetizaron hasta Juan». Lucas 16:16 también lo confirma: «La ley y los profetas se proclamaron hasta Juan; desde entonces se anuncian las buenas nuevas del reino de Dios, y todos se esfuerzan por entrar en él».

Por eso Jesús siente la necesidad de lanzar esta advertencia. Ha llegado un tiempo nuevo: el tiempo del Reino. ¿Qué significará esto para la ley y los profetas? ¿Significa que su tiempo ha terminado y que su autoridad ha sido derrocada? A esto Jesús da una respuesta enfática: ¡No! Él no derroca su autoridad. Antes bien, la autoridad de las Escrituras del Antiguo Testamento permanece y debe permanecer inviolable para siempre. Lo que trae Jesús no es su abolición, sino su cumplimiento.

Observaciones prácticas

1. La misión de Jesús debe verse como el cumplimiento del Antiguo Testamento, de sus profecías y de su esperanza

El dispensacionalismo, con su doctrina de los dos pueblos de Dios, pasa esto por alto. Considera que el verdadero cumplimiento del Antiguo Testamento tiene lugar en la resurrección del judaísmo en el Milenio. Para el dispensacionalismo, en el mejor de los casos, cuando el Antiguo Testamento se aplica a la Iglesia y a la obra de Cristo que fundó la Iglesia, esto es considerado una *acomodación* del

Antiguo Testamento, y no su verdadero cumplimiento. Las implicaciones de este punto de vista del dispensacionalismo es nada menos que desastroso. También está en flagrante contradicción con lo que Jesús enseña aquí. Él, Su obra redentora y Su Iglesia son el clímax al que se dirigía el Antiguo Testamento.

2. Aunque el Antiguo Testamento es preeminentemente la revelación de la ley de Dios, no es exclusivamente la revelación de la ley de Dios. En su conjunto es más bien una predicción de la obra de Cristo

Por supuesto, no se puede negar que, en su carácter peculiar, el Antiguo Testamento era una revelación de la ley de Dios. Sin embargo, si Cristo —en el sentido identificado— ya es el cumplimiento de la ley, entonces se debe considerar que el propósito principal del Antiguo Testamento es señalar hacia adelante al cumplimiento venidero en Cristo.

3. El significado del cumplimiento de la ley por parte de Cristo no es meramente que guardó los mandamientos de la ley, sino que incluye también Su cumplimiento de las predicciones sobre Sí mismo

Esto significa que la base sobre la que Bahnsen construye su argumento a favor de la teonomía está agrietada y es defectuosa. En {trad. no oficial} *La teonomía en la ética cristiana*[3], Bahnsen sostiene que «cumplir» significa primariamente —si no exclusivamente— *confirmar* y *establecer* el código de la ley establecido en el Antiguo Testamento. Este concepto de «cumplir» es sencillamente inadecuado. Además, en nuestro pasaje, las Escrituras del Antiguo Testamento no son consideradas meramente un código estático de leyes, sino más bien una palabra profética en movimiento hacia un

---

[3] Nota de los traductores: El título original en inglés es *Theonomy in Christian Ethics*.

gran cumplimiento y consumación. Jesús se ve a Sí mismo como la consumación hacia la que se mueve el Antiguo Testamento. Veremos más de esto en el versículo 18, al que llegamos ahora.

2. La confirmación doctrinal de esta relación de Jesús con el Antiguo Testamento

El versículo 18 {de Mateo 5} dice: «*Porque* de cierto os digo que hasta que pasen el cielo y la tierra, ni una jota ni una tilde pasará de la ley, hasta que todo se haya cumplido» (énfasis añadido). Este versículo provee lo que he llamado una confirmación doctrinal de la advertencia del versículo 17. Es decir, Jesús nos dice aquí una razón importante por la que no puede pensarse que Su llegada signifique la abolición de la ley o de los profetas. ¿Cuál es esa razón o fundamento? *Es la autoridad detallada y perpetua de las Escrituras proféticas como la ley de Dios*. Varias observaciones dejarán esto claro:

- Ya se ha afirmado que la palabra «ley» es una referencia a las Escrituras del Antiguo Testamento en su conjunto. Esta única palabra abarca la totalidad del Antiguo Testamento.
- Esta palabra («ley») caracteriza la autoridad del Antiguo Testamento como la ley de Dios. Tiene autoridad divina y vinculante porque es la ley de Dios.
- La naturaleza de esa autoridad no es meramente la de un código moral estático o un conjunto inmutable de normas para el comportamiento humano. Es más bien una autoridad que encuentra su realización en el cumplimiento o realización gradual de sus predicciones divinas sobre el futuro y los objetivos predeterminados. Su autoridad sigue siendo vinculante hasta que cada una de sus declaraciones sea confirmada por un futuro que se desarrolla bajo la mano firme de Dios. La autoridad del Antiguo Testamento está en movimiento; busca su cumplimiento. Ni siquiera la desaparición de los cielos y la tierra actuales y la llegada de los cielos nuevos y la tierra nueva impedirán su cumplimiento. Tampoco empañarán su detallada veracidad.

- La inspiración verbal y plenaria del Antiguo Testamento se enfatiza aquí de un modo sorprendente y sin parangón. Jesús se refiere a dos características del alfabeto hebreo en este peculiar énfasis. Habla de la /yodh/, la letra más pequeña del alfabeto hebreo. También menciona la /keraiah/, el pequeño gancho o saliente que puede formar parte de una letra hebrea. Es el pequeño gancho o saliente lo que distingue la *D* hebrea de la *R* hebrea. La *D* hebrea tiene la /keraiah/, mientras que la *R* hebrea no. Así pues, hasta en sus más mínimos detalles se afirma que el Antiguo Testamento hebreo se caracteriza por la inspiración verbal plenaria o lo que en nuestros días llamamos inerrancia. Es inerrante hasta en los más pequeños detalles del texto.

Observaciones prácticas

1. Aquí vemos confirmado que Jesús está pensando en el Antiguo Testamento como algo en movimiento hacia su cumplimiento y no meramente como un conjunto estático de leyes morales que hay que obedecer

Es en las categorías de cumplimiento y realización histórico-redentora donde Jesús nos presenta la autoridad de las Escrituras.

2. Aquí vemos que el cristianismo se ha caracterizado desde el principio por el concepto más elevado posible de la inspiración verbal y plenaria de las Escrituras

Este concepto de la Escritura se remonta al propio Cristo. Por mucho que los filósofos y teólogos posteriores a la Ilustración menosprecien la inerrancia y la plena infalibilidad de la Biblia tildándolas de aristotélicas, artificiales e incluso poco espirituales, el firme cimiento de la plena inerrancia de las Escrituras se encuentra en la enseñanza de Jesús aquí y en pasajes similares que enseñan que las Escrituras son inerrantes hasta en sus rasgos más pequeños. No debemos permitir que la andanada artillera de ataques incrédulos contra la Escritura en nuestros días rebaje ni una jota ni una tilde nuestra confianza en la Escritura. No son los teólogos escolásticos ni los altos dogmáticos reformados los que enseñaron a la Iglesia a considerar las Escrituras como infalibles e inerrantes hasta en sus más pequeñas afirmaciones; es Jesús mismo y el Nuevo Testamento mismo los que enseñan a la Iglesia a considerar las Escrituras como tales.

3. La aplicación práctica de esta relación de Jesús con el Antiguo Testamento

En el versículo 19 Jesús nos provee una de las mayores aplicaciones prácticas de lo que está enseñando:

> Cualquiera, *pues*, que anule uno solo de estos mandamientos, aun de los más pequeños, y así lo enseñe a otros, será llamado muy pequeño en el reino de los cielos; pero cualquiera que los guarde y los enseñe, éste será llamado grande en el reino de los cielos. (énfasis añadido)

Cuando llegamos al versículo 19 debemos enfrentarnos a una pregunta, y es una gran interrogante sobre el significado y la aplicación de nuestro pasaje. Me han oído decir hasta ahora que «la ley o los profetas» en el versículo 17, e incluso «la ley» en el versículo 18, habla del Antiguo Testamento como las Escrituras proféticas. La implicación ha sido que el Señor no está pensando únicamente en la ley moral o en los Diez Mandamientos. En otras palabras, el énfasis está en el cumplimiento de las profecías escriturales y la finalización del movimiento hacia el futuro expresados en el Antiguo Testamento. Sin embargo, ¿encontramos en el versículo 19 una contradicción de esta interpretación? Pueden ver por qué planteo esta pregunta. *En el versículo 19, Jesús habla de mandamientos que deben cumplirse.* La palabra traducida «guarde» en la LBLA significa literalmente *haga.* Jesús dice literalmente: *cualquiera que los haga y los enseñe.* Entonces, ¿qué hace usted con eso, pastor Sam? Mi respuesta general es que no nos encontramos aquí con una contradicción sino con una ampliación de la idea del cumplimiento.

Jesús destaca una importante aplicación práctica del hecho de que Él vino a cumplir las Escrituras:

- *En primer lugar*, ciertamente no es mi postura que este pasaje no incluya la observancia de la ley moral o de los Diez Mandamientos. Sí la incluye; y este versículo lo deja claro. Simplemente he estado diciendo que esto no es todo lo que implica el cumplimiento de la ley. Podemos y debemos decir que una de las cosas hacia las que se dirigía el Antiguo Testamento era el cumplimiento perfecto por parte del Mesías de la ley moral resumida en los Diez Mandamientos.

- *En segundo lugar*, incluso aquí en el versículo 19, la preocupación no es meramente la obediencia o la desobediencia. Es anular y enseñar a otros a anular las Escrituras o guardar y enseñar a otros a observar las Escrituras.

- *En tercer lugar*, cuando este versículo habla de mandamientos, es posible que no se refiera solo a los mandatos explícitos, sino también a toda su enseñanza autoritativa, tanto si se trata de mandatos imperativos como de narraciones históricas auténticas. Puesto que todo ello procede de la autoridad divina, todo es «mandamientos». Toda la Escritura es «la ley del SEÑOR» (véase Sal. 19:7 en adelante).

- *En cuarto lugar*, el uso de la palabra «mandamientos» nos recuerda, es más, nos enseña, que el contenido peculiar del Antiguo Testamento es la ley moral de Dios. Como prueba de ello, permítanme mostrarles los demás usos de esta palabra en Mateo. Hay cinco usos de este tipo en otros tres contextos:
  - Mateo 15:3: «Y respondiendo Él, les dijo: ¿Por qué también vosotros quebrantáis el *mandamiento* de Dios a causa de vuestra tradición?» (énfasis añadido). Aquí el mandamiento en cuestión es el Quinto Mandamiento: «"HONRA A tu PADRE Y A tu MADRE"» (Mat. 15:4).
  - Mateo 19:17-19:
    (17) Y Él le dijo: ¿Por qué me preguntas acerca de lo bueno? Sólo Uno es bueno; pero si deseas entrar en la vida, guarda los *mandamientos*. (18) Él le dijo: ¿Cuáles? Y Jesús respondió: NO MATARÁS; NO COMETERÁS ADULTERIO; NO HURTARÁS; NO DARÁS FALSO TESTIMONIO; (19) HONRA A

tu PADRE Y A tu MADRE; Y AMARÁS A TU PRÓJIMO COMO A TI MISMO. (énfasis añadido)

Una vez más, el contenido de los «mandamientos» queda claro en este contexto. Son los Diez Mandamientos los que están en primer plano en la mente de Jesús. Se mencionan en orden del Sexto al Noveno Mandamientos, luego el Quinto, y, finalmente, el mandamiento general que resume la segunda tabla de la ley: «AMARÁS A TU PRÓJIMO COMO A TI MISMO».

– Mateo 22:36-40:

[36] Maestro, ¿cuál es el gran *mandamiento* de la ley? [37] Y Él le dijo: AMARÁS AL SEÑOR TU DIOS CON TODO TU CORAZÓN, Y CON TODA TU ALMA, Y CON TODA TU MENTE. [38] Este es el grande y el primer *mandamiento*. [39] Y el segundo es semejante a éste: AMARÁS A TU PRÓJIMO COMO A TI MISMO. [40] De estos dos *mandamientos* dependen toda la ley y los profetas. (énfasis añadido)

Los tres últimos usos de «mandamiento» en Mateo aparecen aquí. Los dos mayores mandamientos que resumen el contenido de los Diez Mandamientos se especifican como los «mandamientos» de los que dependen la ley y los profetas. Estos otros usos se centran en los imperativos del Antiguo Testamento. Entre estos imperativos que deben guardarse y observarse destacan los Diez Mandamientos. Esto significa que, en el versículo 19, el centro de la preocupación de Jesús pasa del cumplimiento de la Escritura de manera general a su cumplimiento mediante la observancia de sus mandamientos específicamente.

- *En quinto lugar*, esta interpretación del versículo 19 se confirma también cuando examinamos lo que Jesús quiere decir con «los más pequeños» de estos mandamientos. ¿Qué quiere decir Jesús con «los más pequeños» de estos mandamientos? Otros dos pasajes de Mateo arrojan luz sobre lo que Jesús quiere decir. Solo hemos examinado uno de estos. Jesús enumera los grandes mandamientos de la ley en Mateo 22:36-40. «Amarás a Dios» es el gran mandamiento; y «amarás a tu prójimo» es el segundo. Pero ahora considere el otro pasaje paralelo. Se encuentra en Mateo 23:23:

> ¡Ay de vosotros, escribas y fariseos, hipócritas!, porque pagáis el diezmo de la menta, del eneldo y del comino, y habéis descuidado los preceptos de más peso de la ley: la justicia, la misericordia y la fidelidad; y éstas son las cosas que debíais haber hecho, sin descuidar aquéllas.

Aquí, en estos dos pasajes, se nos abre una ventana a lo que Cristo quiere decir con el menor de estos mandamientos. Los mayores mandamientos son «amarás a Dios» y «amarás a tu prójimo». Son los mandamientos fundacionales en los que se basa el resto del Antiguo Testamento. Pero no son solo los mandamientos mayores y fundacionales los que el cristiano debe hacer, guardar y enseñar; son prominentemente los Diez Mandamientos. Sí, e incluso los mandamientos más pequeños del Antiguo Testamento que expresan principios morales no deben anularse, sino obedecerse. Entre estos figura, al parecer, la exigencia de diezmar cuidadosamente todos nuestros ingresos. El diezmo de las especias no debe descuidarse aunque su rango sea muy inferior al de la justicia, la misericordia y la fidelidad. Sí creo que el diezmo es un principio natural o moral. ¡Aquí veo otro argumento a favor de ello!

Observaciones prácticas

1. En el versículo 19 queda claro que una forma en que Jesús viene a cumplir el Antiguo Testamento es guardando y enseñando Él mismo a Su pueblo a guardar y enseñar sus mandamientos

Esta es la implicación indiscutible e inevitable del versículo 19.

2. Esta implicación queda confirmada de forma maravillosa y clara por un pasaje sorprendentemente paralelo

Observen Romanos 8:3-4 {RVA 2015}:

> [3] Porque Dios hizo lo que era imposible para la ley, por cuanto ella era débil por la carne: Habiendo enviado a su propio Hijo en

semejanza de carne de pecado y a causa del pecado, condenó al pecado en la carne [4] para que la justa exigencia de la ley fuese cumplida en nosotros que no andamos conforme a la carne sino conforme al Espíritu.

Romanos 8:4 es probablemente el paralelo más cercano a Mateo 5:17-19 en el Nuevo Testamento. Nada menos que tres de las mismas palabras usadas en nuestro texto primario se repiten aquí. Está la palabra «ley» (usada en Mat. 5:17-18 e implicada por la palabra «mandamientos» en el v. 19). Está la palabra traducida «justa exigencia de la ley» (que procede de la misma raíz que se vierte como «justicia» en el v. 20). Está la palabra traducida «fuese cumplida» (que es exactamente la misma palabra usada en Mat. 5:17, donde Jesús habla de Su venida para cumplir la ley). Estos paralelismos son claros e indiscutibles, pero sus implicaciones también son enormes y significativas.

3. Muestran que una forma en que Jesús cumple la ley es haciendo que Su pueblo tenga «corazones» en los que está escrita la ley y un «andar» que muestra sus preceptos

Esto es lo que Pablo quiere decir cuando afirma que «la justa exigencia de la ley» {RVA 2015} se cumple en nosotros. Está hablando de cómo Jesús hace que guardemos la ley y cumplamos así la justicia exigida por el Antiguo Testamento.

4. Cuando la perpetuidad de la ley se convierte en el centro de atención de Jesús en el versículo 19, son los dos grandes mandamientos, los Diez Mandamientos, e incluso las exigencias morales menores de la ley (como el principio del diezmo) los que están principalmente en el punto de mira

Jesús no habla de la permanencia de la ley judicial de Israel como hacen los teonomistas. Tampoco habla del establecimiento de un código ético del Nuevo Pacto totalmente nuevo, como hace la Teología del Nuevo Pacto. Antes bien, se centra en la revelación de la ley moral del Antiguo Testamento y, específicamente, en los Diez Mandamientos. Y al hacerlo, se sugiere la triple división de la ley que se enseña en nuestra Confesión y en *La Confesión de Westminster*.

5. El énfasis indiscutible en la observancia de la ley como algo incluido en el cumplimiento de la ley que trae Jesús provee un contexto teológico en el que se requiere algo parecido a la triple división de la ley enseñada en la tradición reformada

Permítanme recordarles lo que enseña al respecto *La Confesión de 1689*, que sigue aquí a *La Confesión de Westminster*, en sus párrafos 19.3-4:

> 19.3. Además de esta ley, comúnmente llamada {ley} moral, agradó a Dios dar al pueblo de Israel leyes ceremoniales que contenían varias ordenanzas tipológicas; en parte sobre la adoración prefigurando a Cristo, Sus virtudes[4], acciones, padecimientos y beneficios; y en parte declarando diversas instrucciones sobre deberes morales; leyes ceremoniales todas estas que, al haber sido establecidas solo hasta el tiempo de reformar las cosas, han sido[5] abrogadas y quitadas por Jesucristo, el verdadero Mesías y único Legislador, quien fue investido con poder del Padre para ese fin.

> 19.4. Dios también dio a los israelitas varias leyes judiciales, las cuales caducaron junto con el Estado de aquel pueblo, no siendo ahora obligatorias para nadie en virtud de aquella institución; siendo solo su equidad general de utilidad moral.

Este es mi razonamiento. Jesús es presentado aquí como el cumplimiento de las Escrituras del Antiguo Testamento. Como hemos visto, este cumplimiento incluye no solo el cumplimiento de sus profecías, sino también la totalidad de las Escrituras del Antiguo Testamento. Ahora vemos que exige también el cumplimiento de su ley moral tal como está y donde está. Así que el cumplimiento que Cristo da al Antiguo Testamento es polifacético. No necesitamos ni

---

[4] Nota de los traductores: *virtudes* —Lit., *gracias*.

[5] Nota de los traductores: *han sido* —Lit., *están*.

debemos pensar que Jesús quiere decir que los cristianos deben seguir observando literalmente las leyes ceremoniales. Es evidente que estas prefiguraban a Cristo. Tampoco debemos incluir en las leyes que debemos guardar las leyes judiciales que regían el reino teocrático que ahora ha desaparecido bajo el juicio de Dios. En cambio, las leyes —incluso las más pequeñas— que el cristiano debe hacer y enseñar son las leyes morales reveladas en los mandamientos del Antiguo Testamento. Por tanto, la triple división de la ley es una necesidad obvia exigida por una exposición sensata de Mateo 5:17-19.

6. Cuando la Teología del Nuevo Pacto y la teonomía ridiculizan esta distinción, están rechazando un aspecto fundamental de la teología reformada

Don Carson es en algunos aspectos un gran don para la Iglesia, pero aquí él falla en cuestiones clave. Específica y trágicamente, niega la triple división de la ley. No es un guía fiel en este tema.[6] Permítanme ofrecerles unas palabras sobre lo que hace Carson.

En lugar de la triple división de la ley, ofrece una exégesis alternativa verdaderamente ridícula. ¡Realmente dice que «los más pequeños» no se refiere a los mandamientos del Antiguo Testamento, ¡sino a los mandatos del Reino de los cielos! Esta forma de eludir el problema ignora por completo las exigencias del contexto precedente sobre el significado del versículo 19. También tiene que ignorar los pasajes paralelos que hablan de la identidad de los mandamientos en Mateo 19:17-19; 22:36-40 y 23:23.

Además, señala que realmente no está claro lo que es moral en el Antiguo Testamento. Bueno, esto también es sencillamente erróneo. En primer lugar, una vez que se identifica la ley ceremonial y

---

[6] Véase D. A. Carson, *Sermon on the Mount* {título oficial: *El sermón del monte*} (Grand Rapids, Míchigan: Baker Book House, 1982), p. 37.

judicial como pasajera, entonces lo que queda es moral. En segundo lugar, la distinción en el Antiguo Testamento entre los Diez Mandamientos y el resto de las leyes como menos centrales deja claro lo que es moral. Por último, el Nuevo Testamento ayuda en muchos lugares a esta distinción con su enseñanza.

Carson sigue el rastro de la triple división de la ley hasta Tomás de Aquino. No cabe dudas de que lo hace para prejuiciar a los evangélicos. Jonathan Bayes, en un útil artículo, rastrea los orígenes de la triple división de la ley hasta la Iglesia posapostólica.[7]

Todas estas observaciones se ven confirmadas por el hecho de que el Nuevo Testamento no nos ofrece un nuevo código de leyes como el que supone Carson. Antes bien, el Nuevo Testamento insiste en la validez permanente de la ley moral del Antiguo Testamento tal como se revela allí. Jeff Smith tiene razón cuando dice: «El principio es este: Toda la enseñanza ética del AT debe suponerse como válida para el cristiano del NT, a menos que el NT nos diga otra cosa». Jeff prosigue proporcionando algunas pruebas de ello:

> El AT no deriva su autoridad sobre nosotros solo de su repetición, y solo en la medida en que se repite en el NT. No, el AT es autoritativo para nosotros en sí mismo. Se puede demostrar en varios lugares que, de hecho, esta era la postura de los apóstoles. Permítanme solo dar un ejemplo. Considere las palabras de Pablo a Timoteo en 2 Timoteo 3:16-17:
>
>> Toda Escritura es inspirada por Dios y útil para enseñar, para reprender, para corregir, para instruir en justicia, a fin de que el hombre de Dios sea perfecto, equipado para toda buena obra.
>
> ¿A qué Escritura se refiere Pablo aquí? Aunque este texto tiene profundas implicaciones para toda la Escritura (el Antiguo y el

---

[7] Su artículo está disponible {en inglés} en el siguiente enlace: <https://www.christian.org.uk/wp-content/uploads/the-threefold-division-of-the-law.pdf>. Nota de los traductores: Consultado el 9 de febrero de 2024.

Nuevo Testamento), en la época en que Pablo escribió esto, salvo quizá ciertos fragmentos de los Evangelios (véase 1 Tim. 5:18) y algunas Epístolas de Pablo, las únicas Escrituras de que disponía Timoteo eran las del Antiguo Testamento. Pablo nos está diciendo aquí que las Escrituras del Antiguo Testamento conservan su autoridad. Y fíjense que eso incluye la instrucción ética del Antiguo Testamento. Es «útil para enseñar», pero no solo para la enseñanza o doctrina, sino también para «reprender, para corregir, para instruir en justicia». Así que —como comentó alguien—:

> Es a la Santa Escritura en su totalidad a lo que Pablo se está refiriendo, no solo a partes seleccionadas que repiten Cristo y Sus apóstoles. Este pasaje nos enseña que todo el AT es inspirado por Dios y sigue siendo útil para los hombres en el ministerio cristiano bajo el Nuevo Pacto.

Y, de nuevo, tenemos aquí una referencia específica a la enseñanza ética o moral del AT: Es útil «para reprender, para corregir, para instruir en justicia».

¿Cómo puede Pablo simplemente citar el Quinto Mandamiento como autoritativo para los cristianos en Efesios 6? ¿Cómo puede sentar las bases del liderazgo masculino en 1 Corintios 14 diciendo simplemente: «como dice también la ley» {v. 34}? ¿Cómo puede decir que «la ley es santa, y el mandamiento es santo, justo y bueno» {v. 12} en Romanos 7? Puede hacer todo esto porque creía que la declaración veterotestamentaria de la ley moral era autoritativa tal como era declarada y se encontraba en el Antiguo Testamento. Y solo podía suponer esto porque creía en lo que equivale a decir la triple división de la ley.

7. Denigra y empequeñece a un maestro cristiano ser declarado culpable de anular uno solo de los mandamientos más pequeños de los Diez Mandamientos

No estoy seguro de lo que significa ser llamado muy pequeño en el Reino de los cielos. ¿Significa que aún se está en el Reino de los cielos, pero en un lugar inferior en este? ¿O significa que no se está en absoluto en el Reino? No estoy seguro. Pero signifique lo que signifique, ciertamente debemos asegurarnos mucho de no anular ni uno solo de los mandamientos más pequeños de la ley moral en

el Antiguo Testamento. No es una parte menor de nuestro deber
como ministros del Nuevo Pacto defender y predicar todos los
deberes, aun de los más pequeños, que se encuentran en los Diez
Mandamientos. Defender la ley moral tal como es revelada en el
Antiguo Testamento es lo que Pablo llama «sana doctrina»
(1 Tim. 1:10).

BIBLIOGRAFÍA

La bibliografía incluye los libros citados y lecturas recomendadas para los temas analizados. Los libros que se recomiendan leer están precedidos por un asterisco (*). Es posible que algunos títulos ya no estén siendo impresos o que estén disponibles en otras publicadoras.[1]

Bahnsen, Greg L. *Theonomy in Christian Ethics*. Phillipsburg, NJ: Presbyterian and Reformed Publishing Company, 1984.

* Barcellos, Richard C. *In Defense of the Decalogue: A Critique of New Covenant Theology*. Cape Coral, Florida: Founders Press, 2001.

* ———. *Paedoism or Credoism? (A Reformed Baptist Argument For Baptism of Believers Only)*. Fullerton, California: Reformed Baptist Publications, s. f.

Bayes, Jonathan F. *The Threefold Division of the Law*. Newcastle upon Tyne, Inglaterra: The Christian Institute, 2017.

Blaising, Craig y Bock, Darrell. *Progressive Dispensationalism*. Grand Rapids, Míchigan: Baker Book House Company, 2002.

D. A. Carson, *El sermón del monte*. Barcelona, España: Publicaciones Andamio, 2012.

* Chantry, Walter. *Baptism and Covenant Theology*. Fullerton, California: Reformed Baptist Publications, s. f.

---

[1] Nota de los traductores: Los títulos que hasta esta fecha han sido traducidos oficialmente al español aparecen en lugar de sus originales.

* ———. *Imputation of Righteousness & Covenant Theology.* Fullerton, California: Reformed Baptist Publications, s. f.

* ———. *Signs of the Apostles: Observations on Pentecostalism Old and New.* Carlisle, Pensilvania: The Banner of Truth Trust, 1973, 1987.

* ———. *Today's Gospel: Authentic or Synthetic?* Carlisle, Pensilvania: The Banner of Truth Trust, 1970, 1985.

* Haykin, Michael A. G. *Kiffen, Knollys, y Keach: Recuperando Nuestra Herencia Bautista Inglesa.* Santo Domingo, Ecuador: Editorial Legado Bautista Confesional, 2022.

* Howell, R. B. C. *The Covenants.* Wilmington, Ohio: Hampton House Books, 1855, reimpresión de 1991.

* Jewett, Paul K. *El Bautismo de Infantes y el Pacto de Gracia: ¿Es el Bautismo el Equivalente de la Circuncisión?* S. l.: Teología para Vivir, 2021.

* Kevan, Ernest F. *The Grace of Law: A Study of Puritan Theology.* Grand Rapids, Míchigan: Baker Book House, 1976, 1983.

* Malone, Fred A. *The Baptism of Disciples Alone: A Covenantal Argument for Credobaptism Versus Paedobaptism.* Cape Coral, Florida: Founders Press, 2003.

* Martin, Robert P. *Accuracy of Translation and the New International Version.* Carlisle, Pensilvania: The Banner of Truth Trust, 1989.

* ———. *The Death Penalty: God's Will or Man's Folly?* Avinger, Texas: Simpson Publishing Company, 1992.

* Murray, Iain H. *Spurgeon, un príncipe olvidado.* Carlisle, Pensilvania: El estandarte de la verdad, reimpresión de 1996.

* Murray, John. *Principios de Conducta: Aspectos de la Ética Bíblica.* S. l.: Monte Alto Editorial, 2021.

* ———. *La Redención Consumada y Aplicada*. S.l.: Libros Desafío y Faith Alive, 2007.

Pentecost, J. Dwight. *Eventos del porvenir*. S. l: Editorial Vida, 1989.

* Pink, Arthur W. *La Soberanía de Dios - ampliada y revisada*. S. l.: Publicaciones Faro de Gracia, 2020.

* Pipa, Joseph A. *The Lord's Day*. Fearn, Ross-shire, Gran Bretaña: Christian Focus Publications, 1997.

* Robertson, O. Palmer. *The Christ of the Covenants*. Phillipsburg, Nueva Jersey: Presbyterian and Reformed Publishing Co., 1980, 1985.

* ———. *The Israel of God: Yesterday, Today, and Tomorrow*. Phillipsburg, Nueva Jersey: P&R Publishing, 2000.

Ryrie, Charles Caldwell. *Las Bases de la Fe Premilenial*. Grand Rapids, Míchigan: Publicaciones Portavoz Evangélico, división de Kregel Publications, 1984.

Saucy, Robert L. *The Case for Progressive Dispensationalism: The Interface Between Dispensational & Non-Dispensational Theology*. Grand Rapids, Míchigan: Zondervan Publishing House, 1993.

* Savastio, Jim. *What is a Reformed Baptist Church?* Avinger, Texas: Simpson Publishing Company, 2003.

* Seaton, Jack. *The Five Points of Calvinism*. Carlisle, Pensilvania: The Banner of Truth Trust, 1970, 2000.

* Stander, H. F. y Louw, J. P. *El bautismo en la Iglesia Primitiva: Un análisis de la práctica del bautismo en los primeros cuatro siglos de la Iglesia Cristiana*. Santo Domingo, Ecuador: Editorial Legado Bautista Confesional, 2022.

Strawbridge, Gregg, ed. *The Case for Covenantal Infant Baptism*. Phillipsburg, Nueva Jersey: P&R Publishing, 2003.

* *La Segunda Confesión Bautista de Fe de Londres de 1677/1689.*

* *El Catecismo Bautista: Edición de Apuntes.* Santo Domingo, Ecuador: Editorial Legado Bautista Confesional, 2023.

* Waldron, Samuel E. *A Modern Exposition of the 1689 Baptist Confession of Faith.* S. l: Evangelical Press, 2016.

* ———. *Las Raíces Bautistas en los Estados Unidos de América: El Trasfondo Histórico de los Bautistas Reformados en los Estados Unidos de América.* Santo Domingo, Ecuador: Editorial Legado Bautista Confesional, 2020.

* ———. *El bautismo bíblico: Una defensa reformada del bautismo de creyentes.* Santo Domingo, Ecuador: Editorial Legado Bautista Confesional, 2024.

* ———. *El fin de los tiempos: Una explicación para todos.* S. l: Publicaciones Faro de Gracia, 2020.

* ———. *Más del Fin de los Tiempos: Otra Explicación para Todos.* Santo Domingo, Ecuador: Editorial Legado Bautista Confesional, 2021.

* Warfield, Benjamin B. *The Plan of Salvation.* Avinger, Texas: Simpson Publishing Company, reimpresión de 1989, 1997.

* Wells, Tom. *El Precio de un Pueblo: El Significado de la Muerte de Cristo.* S. l.: Publicaciones Faro de Gracia, 2020.

* Welty, Greg. *Una Evaluación Crítica del Paidobautismo.* Traducido al español por David Barceló. S. l.: s. f. Disponible en: <https://www.sermonaudio.com/sermoninfo.asp?SID=83113 182494>. Consultado el 3 de febrero de 2024.

* White, James. *The Potter's Freedom.* Amityville, Nueva York: Calvary Press, 2000.

OTROS LIBROS ESCRITOS
POR EL DR. SAM WALDRON

El hombre como sacerdote en su hogar

El propósito de este libro tiene su origen en ese gran llamado a servirnos unos a otros. Como esposos y padres cristianos, ¿cómo debemos ver nuestro ministerio para con nuestra familia? ¿Cómo deberíamos responder cuando nuestro hijo adolescente acaba de saltar a los anales de la historia con su comportamiento pecaminoso? ¿Qué deberíamos hacer cuando decepcionamos a nuestras esposas? ¿Cómo podemos ayudar cuando nuestras familias están pasando dificultades? ¿Qué tipo de ministerio deberíamos tener en nuestros hogares?

Dos cosas que debes hacer para ser salvo

Aunque sin duda puede ser de gran ayuda para personas que están tratando de entender el Evangelio, este libro no es un tratado o folleto evangelístico; es, más bien, un estudio bíblico sobre el Evangelio que tiene el propósito de ayudarnos a comunicarlo a los demás de una forma más clara, precisa y eficaz. El autor hace una maravillosa y detallada presentación de los que significa el arrepentimiento verdadero y la fe salvadora.

Mas del fin de los tiempos: Otra explicación para todos

Este libro es mucho más que una simple continuación del libro anterior, el Dr. Waldron nos clarifica ciertos puntos que no se pudieron tocar anteriormente y desarrolla de una manera brillante una explicación más profunda, y sobre todo equilibrada, en cuanto a dos aspectos importantes: 1) el futuro de la iglesia (entre lo optimista y pesimista); y también 2) el futuro de Israel (incluyendo los debatidos pasajes de "el Israel de Dios").

El principio regulador de la adoración

En este libro, el Dr. Waldron realiza un excelente, amplio y completo estudio sobre el tema de la adoración en la iglesia reunida en el Día del Señor. Mostrando que el principio regulador constituye una peculiaridad importante, incluso básica, tanto de la tradición reformada como de la enseñanza bíblica. El Principio Regulador de la adoración es el resultado de entender que a Dios solo se le puede adorar de la manera en que Él lo ha establecido sobre todo para su iglesia reunida. En este estudio bíblico, confesional e histórico el Dr. Sam Waldron expone en seis secciones el entendimiento reformado de cómo la iglesia reunida debe conducirse en la adoración. Empezando por su significado histórico, su marco eclesiológico, hasta llegar a su respaldo bíblico; para luego explicar su función multifacética, su limitación necesaria y finalmente concluir con las respuestas a varias objeciones a este principio rector.

¿Continuarán?

Este libro es un estudio sobre el fundamento y propósito de los dones milagrosos o extraordinarios dados en la época apostólica del comienzo de la iglesia cristiana para mostrar que debido a la naturaleza de estos dones en específico ya no hay base bíblica para creer que estos dones siguen vigentes hoy en día. En este estudio se expone que es la revelación divina la razón de los dones milagrosos y, por lo tanto, al morir el último apóstol ya Dios no siguió revelando más Palabra divina a la iglesia, quedando la Biblia escrita con todo lo necesario para la fe cristiana y por eso ya no hay necesidad de dones milagrosos.

Las raíces bautistas en los Estados Unidos de América

En este libro el Dr. Waldron nos lleva en un viaje histórico y teológico a las raíces bautistas en Estados Unidos para comprender el trasfondo histórico, aprender de su auge y declive, y con ello el surgimiento de los bautistas reformados que llevan el legado hasta hoy en día. Esta obra "suministra una guía valiosa para la nueva generación de bautistas reformados quienes llevan sobre sus hombros una misión muy parecida a la que tuvieron los bautistas particulares al llegar a los Estados Unidos de América: proclamar la verdad de la Palabra de Dios desde una perspectiva bíblica, reformada y bautista".

El punto crucial de la libre oferta del evangelio

Este libro es una explicación bíblica, confesional y teológica sobre el tema de la libre y 'bienintencionada' oferta del evangelio. El Dr. Sam Waldron, con un estudio exegético y contextual, aborda los pasajes bíblicos relacionados con el anuncio del evangelio y la obra de redención, explicando y relacionando los aspectos de la elección incondicional, expiación limitada, con la necesidad de ir y anunciar libremente a toda persona el camino de salvación. También, responde a las objeciones del extremo hipercalvinista y al arminianismo, al considerar esta doctrina de la oferta del evangelio a la luz de comprender correctamente cómo es la Voluntad de Dios en la salvación de los hombres.

¿Cómo, pues, deberíamos adorar?

Este libro es una exposición bíblica teológica del principio regulador de la adoración corporativa de la iglesia, en el que se presenta el argumento y su justificación escritural, tanto del Antiguo como del Nuevo Testamento. Además, presenta de una manera clara lo que son las partes de la adoración corporativa y cómo podemos distinguirlas de los aspectos circunstanciales. Los elementos como la oración, lectura y exposición de la Palabra de Dios, cánticos congregacionales, ofendas y los sacramentos son explicados y justificados. El autor interactúa con varias objeciones y presenta una respuesta clara, además de aclarar malos entendidos sobre el asunto de la adoración en la iglesia reunida y la adoración cotidiana particular. Finalmente, incluye varios apéndices relacionados al tema y una sugerencia como consejo final para la adoración congregacional.

Revolución política en la tradición reformada

Aunque escrito hace treinta y cinco años como la tesis ThM de Sam Waldron, La revolución política en la tradición reformada trae una perspectiva crucial para guiar a la iglesia y al cristiano a través de cuestiones éticas y sociales desconcertantes que han surgido en la actualidad. ¿La Biblia apoya o prohíbe la revolución política? ¿Qué creía Juan Calvino, el fundador de la tradición reformada, sobre el tema de la insurrección política, y sus pensamientos se alineaban con la Palabra de Dios? ¿Romanos 13 nos llama a obedecer ciegamente al gobierno en todas las situaciones? ¿Cuál es la relación entre la subordinación a los magistrados civiles y la obediencia a las mismas autoridades? Encontrará respuestas a estas preguntas y más en este examen académico de la tensión entre vivir en el reino de Dios y, simultáneamente, en el reino del hombre.

Legado Bautista Confesional es una editorial que existe para darle la gloria a Dios poniendo al alcance de la iglesia de habla hispana escritos teológicos e históricos que proclaman la verdad de la Palabra de Dios desde la perspectiva bautista, que ha sido declarada en sus Confesiones de fe históricas; y contribuyendo al currículum de libros y lecturas requeridas para la preparación de pastores bautistas reformados de habla hispana y la edificación y estudios de los miembros de sus iglesias.

Con la compra de este libro estás
contribuyendo con la formación teológica
de un hombre de Dios en alguna parte de
Latinoamérica al que podremos darle una
copia gratuita de esta obra